BEST

아이와 좋은 관계를 맺는
소통의 마법

아이와 좋은 관계를 맺는
소통의 마법

초판 1쇄 인쇄 2024년 2월 15일
초판 1쇄 발행 2024년 2월 21일

지은이 송은혜
펴낸이 김은선

펴낸곳 초록아이
주 소 경기도 고양시 일산서구 주화로 180 월드메르디앙 404호
전 화 031-911-6627
팩 스 031-911-6628
등 록 제 410-2007-000069호 (2007. 6. 8)

ISBN 978-89-92963-85-5   13370
푸른육아는 도서출판 초록아이의 임프린트로 육아서 브랜드입니다.

＊잘못된 책은 바꾸어 드립니다.

BEST

아이와 좋은 관계를 맺는
소통의 마법

송은혜 지음

푸른육아

추천의 글

부모와 아이 사이에 '사랑'의 다리가 되어주는 책

처음부터 끝까지 토씨 하나 빠뜨리지 않고 읽었습니다. 읽는 내내 마음은 설레고, 기쁘고, 뿌듯하고 행복했습니다. 그러다 문득 육아를 통해 세상을 아름답고, 따뜻하고, 밝게 비추어줄 새로운 태양이 떠오르고 있음을 알아차렸습니다.

육아의 근본 원리인 배려 깊은 사랑을 일상에서 이렇게 구체적으로 실현한 책을 읽는다는 것 그 자체만으로도 감동이지만, 이야기 하나하나가 주는 메시지의 힘은 부모와 아이의 관계를 행복으로 이끌 것이기에 감동의 여운이 오랫동안 마음 깊은 곳에 남아 있습니다.

이 책은 배려 깊은 사랑의 실천서이며 공감 대화의 교과서입니다. 모든 부모가 아이를 있는 그대로 사랑해 주고 싶어 하지만 아이와 함께하는 일상은 그렇게 녹록하지 않습니다.

　아무리 달래주어도 울음을 그치지 않을 때, 형제자매들이 사사건 건 다툴 때 등과 같은 상황에서 부모와 아이가 부딪치면서 감정이 과잉 상태가 되면 부모의 인내심은 한계에 이르게 됩니다. 그러면 자신도 모르는 사이에 어린 시절 자신이 부모에게 받은 그대로 아이를 야단치거나 매를 들면서 사랑하는 아이에게 상처를 주는 일을 반복하지요. 그런 위기 상황에서 어떤 말을 해주어야 아이가 상처받지 않고 부모와 좋은 관계를 유지하면서 문제를 해결할 수 있는지 배우지 못했습니다.

　이 책은 부모와 아이의 관계가 틀어지는 일상의 결정적인 위기 상황에서 구체적인 대화의 사례를 들어 어떤 말을 어떻게 해주어야 하는지를 누구나 알기 쉽게 기술하고 있습니다. 언어적인 소통을 넘어 눈빛, 표정, 몸짓이라는 비언어적인 소통을 포함하는 근본적인 소통의 모델을 보여주고 있지요. 그러기 위해서는 부모의 무의식에 어떤 감정이 억압되어 있는지 알아야 합니다.

　아이의 욕구와 감정, 부모의 욕구와 감정을 조화롭게 어우르면서 풀어내는 대화는 지혜로우면서 아름답습니다. 배려 깊은 사랑이라는 아이를 키우는 인간의 본성을 표현하고 있기에 누구나 그런 사랑의 말을 들으면 사랑으로 행동하게 되지요. 사랑의 말이 아이의 자존감을 높여주고, 그 자존감이 아이의 행동을 이끌기 때문입니다.

육아를 하면서 두려움과 사랑 중 어느 하나를 선택해야 하는 미묘한 순간이 있지요. 모든 부모가 아이를 사랑으로 키우고 싶어 하지만 어떻게 하는 것이 사랑인지 알지 못해서 아이에게 두려움을 주게 됩니다.

이 책이 갖고 있는 힘은 일상의 애매한 상황에서 분명하게 사랑에 대한 판단의 근거를 주어 사랑을 선택하게 하고, 그 사랑을 실천할 언어를 주고 있다는 것입니다. 아이를 키우면서 혼란스럽지 않다면 부모는 아이의 내면에 존재하는 위대한 힘을 이끌어낼 수 있습니다.

우리는 두 번의 삶을 살게 됩니다. 한 번은 우리 부모가 우리를 키웠던 삶이고, 한 번은 아이를 낳고 키우면서 우리 내면에 무엇이 있는지를 알아가면서 자신의 내면 아이를 재양육하는 과정의 삶이지요. 이 책은 부모와 자식 둘 다를 사랑으로 연결하는, 마법과 같은 다리가 될 것입니다.

저는 저자가 두 아이를 낳고 사랑으로 키우는 과정을 10년 넘게 지켜보았기 때문에 이 책의 내용이 실제 경험에서 나온 것이라는 것을 알고 있습니다. 한 사람의 경험은 모든 사람에게 확장될 수 있지요. 이를 '검증되었다'고 표현합니다.

아이들은 다재다능하며 영어로 소설을 쓸 정도로 뛰어난 지적 능력을 갖고 있지만, 옆에서 대화를 나누다 보면 기쁨이 저절로 느껴질 정도로 남을 배려하고 안정된 정서를 가진, 지성과 감성이 조화로운 인재로 자라고 있습니다.

힘들고 두려웠던 삶의 어두움을 대면하고, 원래부터 존재했던 빛을 찾아 그 빛을 세상과 나누기를 선택한 저자에게, 우리 아이들이 행복한 세상을 창조해 주어 고맙다는 말과 함께 그동안 고생 많았다는 말을 전합니다.

그리고 이 책을 많은 사람들에게 전파하겠습니다. 그러면 우리 아이들의 웃음 소리가 담장을 넘어 햇살처럼 멀리 퍼져나가겠지요.

푸른 아빠 최희수

부모, 아이와의 소통에 마법을 걸다!

남자 중학교 교사를 맡게 된 첫 번째 해에 나는 아이들과의 소통에 어려움을 느껴 절망했다. 소통은 아주 다양한 상황들을 한꺼번에 센스 있게 알아차려야 하는 고도의 의식 기술이 필요하다. 우리가 하는 말들이 부모에게서 대물림된 것임을 생각할 때, 우리는 왜 이리도 소통이 어렵게 느껴지는지 이해가 갈 것이다. 그동안 내 옷인 줄 알고 입으며 살았던 언어는 전부 부모가 물려준 옷이었다. 나를 둘러싼 모든 사람들과의 관계, 그 관계의 기본이 소통이라는 것을 알아차렸을 때 나는 내가 하는 대화법이 엉터리라는 것을 깨달았다.

그래서 전부 바꾸기로 결심했다. 4년을 지방에서 서울까지 올라가 소통의 기술을 배우러 다녔다. 그리고 내 삶 안에 그 소통의 기술을 끌어들여와 수시로 적용해 보고, 실패도 하고 성공도 했다.

나는 의사소통 워크숍이나 강연을 할 때마다 사람들에게 이렇게 요청한다. "아~~ 하고 한번 말씀해 보세요." 그럼 모두가 "아~~" 하고 따라 한다. 소통은 그런 것이다. 입을 벌려서 직접 말해 봄으로써 배워야 하는 것이다. 머리로는 절대로 익힐 수가 없다.

내 안에서 나오는 언어의 힘은 상상 그 이상이었다. 처음에는 잘 맞지 않는 좋은 소통의 옷을 내 몸과 마음에 맞추느라 많이 힘들었다. 시간도 꽤 오래 걸렸다. 그 과정에서 우리 아이들, 가족들, 학생들, 동료들, 수강생들이 전부 스승이 되어주었다.

언어는 심리 치유에까지 힘을 미쳐서 소통과 심리 치유는 비행기의 양 날개와 같다. 다른 사람과 소통을 잘한다는 것은 상대방의 마음에 잘 접속한다는 것이고, 상대방의 마음을 치유하는 힘이 있다.

부모는 마음과는 전혀 다른 언어로 상대방에게 말하고 상처를 준다. 가장 많이 상처를 받는 사람은 '아이'이다. 따라서 같은 의미를 담고 있지만 전혀 다른 방법으로 소통하고 있는 것은 아닌지 언어를 전면적으로 돌아봐야 한다. 결국, 언어가 가진 힘 그 자체가 내면의 힘이 되기 때문이다.

예를 들어 같은 상황에서 다음처럼 다르게 말할 수 있다.

"너는 왜 만날 어지러놓기만 하니? 빨리 안 치워?"

"네가 갖고 논 것을 치우지 않으니 엄마가 발 디딜 틈이 없어서 불편하구나."

첫 번째 말과 두 번째 말에서 아이가 어떻게 반응할지는 말로 표현하지 않아도 알 것이다. 이처럼 같은 의미를 가졌지만, 듣는 사람의 마음밭에서는 다르게 받아들일 수밖에 없는 것이 언어의 놀랍고도 신비로운 힘이다.

이제 겨우 하나의 언덕을 넘으면서, 삐걱삐걱하면서 소통의 성장기를 담은 이 책을 세상에 내놓는다. 처음에 책을 쓰라고 권유받았을 때의 마음가짐은, '어느 한 사람이라도 이 책으로 인해 도움을 받게 된다면 좋겠다.'는 생각이 간절했다. 늘 초심으로 살 수야 없겠지만, 이 책을 열면서 다시 머물러본다, 그 첫 마음에.

나는 부모로서, 어른으로서 아이들에게 그저 습관처럼 대물림된 언어의 옷을 물려주고 싶지 않았다. 인간관계에서 가장 기본이 되는 '소통'이라는 것을 어렵게 어렵게 다시 처음부터 배우게 하고 싶지 않았다. 가정에서, 학교에서, 직장에서, 사회에서 소통 하나로 삶의 질이 달라지는 소통의 마법! 이 책을 읽는 모든 독자들이 그 마법에 걸려 행복해지기를 전심으로 기원한다.

소통의 마법을 체험하면서 내가 좋아하게 된 성경 구절이 있다.

"즐거워하는 자들과 함께 즐거워하고 우는 자들과 함께 울라."

- '로마서' 12장 15절

이 성경 구절 한마디가 모든 소통의 핵심이다.

이 책은 나와 대화를 나눈 모든 사람들 덕분에 쓰여졌다. 그들이 나를 비추어주었고, 깨닫게 해주었으며, 성장하게 해주었다. 특별히 나를 엄마로 만들어준, 존재 자체가 자유로운 영혼들인 사랑하는 딸 이안이와 수아가 있었기에 세상 앞에서 당당해지는 용기를 가질 수 있었다. 나를 성장시키는 남편, 그리고 늘 사랑으로 내 마음에 공감해 주는 부모님, 가까이 살면서 내 실습의 대상이 되었던 하나뿐인 오빠와 가족들에게 무한 감사를 드린다.

나에게 처음부터 '가능성'이 있음을 믿어주고 지지해 주고 조건 없는 사랑을 준 존경하는 스승님 푸름 아빠 최희수 님, 푸름 엄마 신영일 님, 내가 중국에서도 소통의 대사가 될 수 있게 초청해 주시는 박해란 관장님, 사랑하는 나의 제자들, 내 칼럼의 첫 독자가 되어준 친구 같은 권준희 언니, 좋은 소통으로 나를 기다려주고 길을 안내해 준 푸른육아 편집장님, 그리고 모든 푸름이닷컴의 회원들에게 감사한 마음을 전한다.

나무꽃 송은혜

Contents

02 아이의 인성을 좌우하는 '부모와의 소통'

03 우리 아이 공감의 아이콘을 만드는 '공감 육아법'

04 일상을 행복으로 채워주는 '소통의 힘'

05 부모와의 관계가 좋은 아이가 배움도 즐거워한다

01

내면의 힘을 키우는 '내 아이의 감정 수업'

Story 01

'공감'의 시작은
아이의 감정에
'이름' 붙이기부터

아이가 태어나고 나서 처음 갔던 육아 강연에서 들었던 충격적인 내용을 아직도 잊지 못합니다. 아이가 넘어졌을 때 많은 부모들이 "괜찮아, 안 아파. 용감하게 일어나는 거야!"라고 말하는데, 그것만큼 나쁜 것도 없다는 말이었지요. 아이가 아픈 것을 빨리 추스르고 일어나라고 용기를 주는 것 같지만, 이 말 속에는 '지금 네가 느끼는 감정은 중요하지 않아.'라는 메시지가 담겨 있다고 합니다.

아이가 넘어져서 울면 대부분의 부모는 그 울음소리를 견디지 못하고 빨리 울음을 그치게 하는 데에만 힘을 쏟지요. 아이를 달래주는 일이 결국 아이를 위한 일이 아니라, 부모 자신을 위한 일이라는 사실을 깨닫고는 많이 놀랐습니다.

우리 몸의 90퍼센트를 감정이 조절한다는데, 어릴 적부터 감정을 인정받지 못하는 것이 얼마나 안 좋은지, 육아가 아니었다면 너무 늦게 알았을 것입니다.

어릴 때 부정적인 감정을 존중받지 못했던 나는 첫째아이의 부정적인 감정 표현을 마음으로 받아주기 힘들었습니다. 부모가 아이의 부정적인 감정을 받아들이지 못하는 이유는 무의식 속에 인정받지 못한 부정적 감정이 있기 때문이라는 것을 알았을 때, 아이의 부정적 감정을 온몸으로 받아들이는 것이 왜 그렇게 어려운 일인지 알게 되었지요.

머리로는 알고 있지만 내 몸의 반응은 너무도 빨리 본능을 따르기에 아이에게 상처를 주고 난 뒤에야 후회한 적도 많이 있습니다. 엄마가 느끼는 부정적 감정이 아이에게 전달되는 데는 1초도 안 걸리는 반면, 아이의 부정적 감정을 있는 그대로 받아들이는 것은 결코 쉬운 일이 아니지요. 그래서 아이가 자신의 감정을 있는 그대로 느끼고 표현하기 위해서는 부모의 도움이 필요합니다.

좋은 감정도 나쁜 감정도 다 감정의 양상일 뿐입니다. 그 감정이 오래 머무를까 봐 걱정되어서 아이의 감정을 부정하면 아이는 자신의 감정을 제대로 찾기 어려울뿐더러 감정 조절에 많은 어려움을 겪게 됩니다. 특히 청소년 시기에 방황의 자아가 찾아올 때 분노 조절 장애를 겪게 되기도 하지요. 우리나라 청소년들의 대부분은 자신의 감정 표현에 서툴고, 심지어는 자신의 감정이 지금 어떤 상태인지 제대로 파악하지 못하고 있습니다.

　부모와 아이가 감정의 홍수 상태에 있을 때 아이의 감정을 공감해 주기란 너무나 어려운 일입니다. 만분의 1초 사이에 아이보다 부모의 감정이 먼저 올라오니까요. 감정은 순식간에 지나가버리므로 어쩌면 아이에게 불같이 화를 냈을 수도 있습니다. 이렇게 순간의 상황에서는 감정을 억제할 수 있는 방법이 마땅히 없습니다. 다만 감정을 표현할 수 있는 감정 근육을 만들어주는 것이 필요한데, 그러기 위해서는 일상에서 아이의 감정에 이름을 붙여주고, 다양한 감정을 간접적으로 회상해 볼 수 있도록 도와주어야 합니다.

　아이가 병원에 가기 싫어할 때 "진료 받는 게 아플까 봐 무섭구나."라고 감정에 이름을 붙여주세요. 평소에 대화를 나눌 때 지나간 사건을 언급하면서 "동생이 네 물건을 마음대로 가져갔을 때 많이 속상했지?"라고 이름을 붙여주고, "아빠가 선물을 사오셨을 때 정말 기뻤지?" 하면서 그때의 감정을 떠올려 보게 하는 겁니다.

　두뇌 과학자들이 밝혀낸 놀라운 사실이 있는데, 그냥 현상만 이야기해 주는 것보다, 감정을 읽어주고 표현해 주면 좌뇌와 우뇌의 시냅스 연결이 활발하게 이루어져 두뇌 발달에 좋다고 합니다.

　물감 놀이를 하거나 그림을 그릴 때 자신의 감정을 색깔로 표현해 본다거나, 온 가족이 둘러앉아 감정을 나타내는 단어를 하나씩

감정에 대한 단어를 그림으로 나타내거나, 자신의 감정을 색깔로 표현하는 것은 훌륭한 '감정 수업'이다.

제시한 뒤 자신의 경험담을 문장과 그림으로 표현해 보는 것, 부모가 어릴 적에 읽었던 단편소설을 함께 읽고 그 상황에 대해 감정을 생각하고 표현해 보게 하는 것도 좋은 방법입니다.

이런 모든 소통이 바로 가정에서의 '감정 수업'이 됩니다. 감정 수업은 아이의 일상을 더 깊이 들여다보면서 아이를 더 잘 이해할 수 있게 하고, 속마음뿐만 아니라 가족 간의 추억도 되살려주어 서로에 대한 사랑을 느끼게 해줍니다.

특히, 아이의 지나간 감정에 이름을 붙여주는 것만으로도 훌륭한 '공감'이 되기 때문에, 엄마나 아빠가 그 당시에 챙겨주지 못했던 공감을 통해 아이는 자신이 사랑받고 있음을 충분히 느낄 수 있습니다. 그래서 우리 집에서는 아주 오래도록 '감정 수업'을 하고 있고, 지금도 아이들은 가끔씩 '감정 수업'을 하자고 조릅니다.

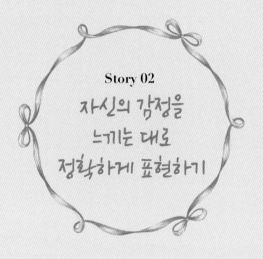

Story 02

자신의 감정을
느끼는 대로
정확하게 표현하기

요즘 아이들은 감정을 표현하는 어휘를 사용하는 데 인색합니다. 긍정적인 감정은 '짱!'이나 '대박!'이라는 말로 표현하고, 화나거나, 외롭거나, 당황스럽거나, 두렵거나, 슬픈 마음 등 부정적인 감정은 모두 '짜증나'라는 2차적 감정으로 표현해 버립니다.

2차적 감정은 감정의 본질이 아니기에 그 실체를 잡아내기 어렵습니다. 실체를 알지 못하면 감정을 느끼고 처리하는 데 어려움을 겪게 되지요. 또한 속마음과 다른 말을 하게 되므로 타인과의 관계도 불편해지고, 자신의 내면을 살피는 데도 곤란함을 겪습니다.

아이들은 어른들을 보고 배운다고 합니다. 혹시 '짜증'도 부모로부터 배운 것이라면, 그 불편한 감정들을 잘 느끼고 처리할 수 있게끔 도와주는 사람도 부모여야 합니다. 아이들이 자신의 진짜 감정이 무엇인지 알아갈 수 있게요.

'공감'을 쉽게 표현하면 '나의 진짜 마음을 누군가가 알아주는 것'입니다. 공감은 죽은 사람을 살릴 수는 없지만, 죽어가는 사람은 살릴 수 있다고 하지요. 공감을 받는 것도 중요하지만 공감하는 것이 중요한 이유가 여기에 있습니다. 자신이 느끼는 감정이 무엇인지 잘 모르는 사람이 타인의 감정에 공감해 줄 수는 없습니다.

어릴 적에 부모로부터 부정적인 감정을 공감받지 못했다면, 우리 세대에서 그 고리를 끊어야 합니다. 감정의 홍수 상태일 때는 조절이 어려울지 모르지만, 감정이 평형인 상태, 즉 일상에서는 얼마든지 연습해서 인식할 수 있습니다.

감정의 왜곡 없이 감정을 자유롭게 표현할 때 감성 또한 풍부해집니다. 반면, 억압되었던 감정이 치유되려면 그 감정을 공감받을 때 비로소 가능합니다.

감정의 홍수 상태에서 가장 듣고 싶은 말은 "너 지금 정말 힘들구나."라는 따뜻한 말 한마디가 아닐까요. 서른, 혹은 마흔이 넘도록 부모에게서 이 말을 듣기 어려웠다면, 내 안의 어린 나에게 따뜻하게 건네주고 공감해 주세요. "너 지금 정말 힘들구나." 하면서요.

인간이 느끼는 감정은 모두 일시적입니다. 따라서 아이가 불같이 화를 내는 것에 대한 두려움도, 아이가 점점 더 난폭해질 것 같은 불안함도 '공감'해 주다 보면 어느새 흩어져버릴 거예요. 몸이 익힌 기억은 무의식에 저장되어 평생 동안 영향을 끼친다고 합니다. 흩어지지 못한 감정은 살면서 여러 가지 가면을 쓰고 나타나, 자신과 주변 사람들을 괴롭히게 되지요.

아이가 감정 표현에 자유로울 수 있게 부모가 적극적으로 도와주세요. 일상에서 다양한 방법으로 아이의 감정에 이름을 붙여주고, 감정에 대해 아이와 함께 소통하고 나누어보세요. 그러면 건강한 정서를 누리는 멋진 사람으로 성장할 것입니다. 부정적인 감정을 억압해 놓고 성인이 되어서도 두고두고 자신을 괴롭히며 힘들어하지는 않을 테니까요.

자신의 감정을 잘 다루는 사람이 자신의 경계도 건강하게 칠 수 있습니다. "당신의 감정은 이렇군요. 내 감정은 이렇습니다." 이 말이 소통의 기본 가운데 기본이니까요. 상대방을 충분히 이해하고 존중하면서, 나를 잘 알리는 것이 내가 힘들지 않는 방법이에요.

우리 아이들은 상대방에게 원하는 것을 '잘' 말해서 상처받는 일이 없으면 좋겠습니다. 하고 싶은 말을 어떻게 전해야 할지 몰라 애매하게 고민하는 사이 시간만 보내버리고 후회하며 상처받는 일은 하지 않으리라 기대해 봅니다.

Story 03

아이에게 공감하기
어렵다면
'왜'를 빼자

아이의 마음에 공감하지 못하면 아이를 사랑하는 마음을 표현하기도 힘듭니다. 그래서 요즘에는 기업체에서도 '공감 대화법' 교육이 활발합니다.

며칠 전 한 대기업에서 리더들을 상대로 '리더십 향상을 위한 공감 소통법'이라는 강연을 한 적이 있습니다. 강연을 듣던 분들이 한결같이 직장생활에서 가장 힘든 점은 '업무'가 아니라 '인간관계'라는 말을 했습니다. 그리고 자녀들과의 관계에 대한 고민도 많았습니다. 무엇이 그렇게 힘드냐고 물으니, "아이가 말을 안 들으니 자꾸 혼내게 됩니다."라는 것이었습니다.

'혼내다'의 어원은 '혼이 나가다'입니다. '혼'은 정신을 말하지요. 아이를 혼내는 것은 아이의 혼을 내쫓는 어마어마한 일입니다. 곰곰이 생각해 보면, 부모가 아이를 혼낼 때 '왜'라는 말을 자주 씁니다.

"왜 동생을 때렸어? 어?"

"왜 이렇게 시험을 못 봤니?"

"너 왜 밥을 안 먹어?"

"도대체 왜 집에 안 들어오고 놀기만 하니?"

"왜 이렇게 싸우는 거야?"

"왜 이렇게 집을 어질러놨어?"

마치 '왜'라는 단어를 쓰지 않으면 혼낼 때 말이 안 되는 것처럼 기를 쓰고 '왜'를 씁니다. 만약 아이의 마음에 공감해 주는 것이 어렵게 느껴진다면, 아이에게 말을 건넬 때 '왜'라는 단어를 빼는 연습부터 해보세요.

"동생을 때렸어? 동생이 네 것 빼앗아서 화가 났어?"

"시험을 잘 못 봤어?"

"밥 안 먹니? 배가 안 고파?"

"집에 안 들어오니? 더 놀고 싶어?"

"서로 의견이 안 맞아서 싸우는 거야?"

"놀다가 보니 어질러졌어?"

신기하게도 '왜'를 빼고 말을 하면 '왜'를 넣을 때보다 한결 부드러워집니다. '왜'만 뺐을 뿐인데 '비난'을 담고 있는 말이 '사실'을 표현하는 말로 바뀌게 되지요.

부모가 말 속에서 '비난'을 뺀다면 아이는 상처를 덜 받고 자신을 방어하지 않게 됩니다. '방어'는 타인이 위협을 가할 때 나를 지키기 위해 세우는 경계입니다. 부모가 '왜'를 넣어 혼내고 비난하는 느낌으로 말하면 아이는 본능적으로 방어하게 되지요.

부모의 언어 습관은 부모의 부모에게서 대물림된 것입니다. 잔소리에도 독이 있는데, 하물며 비난으로 말을 한다면 그 독을 온몸으로 받아내야 하는 아이는 여기저기 감정이 다쳐 얼마나 아플까요.

배워서 해야 간신히 나오는 공감이라면, 공감을 해주기 싫거나 너무 어렵다면 습관적으로 사용하는 '왜'라는 단어만 빼고 말하는 연습을 해보세요. 이유가 없어보였던 아이의 행동에 차츰차츰 '그럴 만했던' 이유들이 보이기 시작할 것입니다.

Story 04

소통의 기본은
진짜 내 속마음을
전하는 것

의사소통 워크숍을 진행하다 보면, '공감'이 소통에서 얼마나 큰 부분을 차지하고 있는지 놀랄 때가 많습니다. 소통의 목적은 관계를 좋게 하는 것인데, 공감이나 칭찬을 해주고 싶어도 잘 안 된다고 하는 분들의 마음속에는 공감이나 칭찬을 해주고 싶은 마음이 안 든다는 것이 큰 걸림돌이 됩니다. 그런데 조금만 깊이 생각해보면, 내가 진짜 원하는 것이 무엇인지 알지 못하기 때문에 내 마음 안에 스스로 걸림돌을 세워두었다는 것을 알 수 있습니다.

남편이 마음에 안 든다고 집에서 쫓아낸 아내에게 당신이 진짜로 원하는 것이 뭐냐고 물으면 어느 누구도 남편이 집을 나가는 것이라고 대답하지 않습니다. 남편과 행복하게 사는 것이라고 말하지요.

지금 이 순간 주변의 누군가에게 마음을 주기 어렵다면, 그래서 마음 한구석이 불편하고 힘이 든다면 '내가 진짜로 원하는 것이 무엇인가.'에 집중해 보세요. 소통의 기본은 진짜 내 속마음을 전하는 것이지, 홧김에 든 내 마음을 전하는 것이 아닙니다.

선택은 이성이 하는 것 같지만, 대부분의 선택은 감정이 하게 됩니다. 그런데 감정으로 한 선택에는 후회가 따릅니다. 보통 '홧김에'라는 말을 사용하지요. 감정이 분노로 차 있을 때 했던 선택은 '내가 진짜 원하는 것'이 아닙니다. 내가 진짜로 원하는 것이 무엇인지 집중한 다음, 상대에게 조건 없이 해줄 수 있는 나만의 사랑 표현법을 생각해 보는 겁니다.

조건이 없다는 것은 사랑을 표현했을 때 상대방에게 기대하는 것이 없다는 것에서 출발합니다. 사랑이 나에게서 출발해 상대방에게 도달했다면 나의 사랑은 그 역할을 다한 것입니다.

아이를 사랑한다고 말은 하면서도, 정작 아이가 원하는 사랑을 주고 있는 것이 맞나요? 남편이 중요한 사람이라고는 생각하지만, 정작 그 마음을 느끼게끔 인정과 지지를 보내고 있나요? 하나하나 써 내려가면 꼭꼭 눌러 점검하는 기분이 들 것입니다.

많은 사람들이 말합니다. 아이를 사랑으로 키우라고요. 그러나 사랑은 실체를 잡을 수 없기 때문에 이름을 붙여주어야 살아서 움직입니다.

예를 들어 아침에 일어날 때 안아주고 뽀뽀하기, 하루에 열 번 사랑한다고 말하기, 아이가 좋아하는 책 읽어주기, 외출했다 돌아오면 반갑게 맞이해 주기, 아이가 엄마를 부를 때 즉시 대답하기, 아이가 속상한 일이 있을 때 무조건 아이 편이 되어주기, 밤에 잠잘 때 사랑의 포옹 세 번 해주기 등, 엄마가 할 수 있고 아이가 좋아하는 사랑 표현법을 적어서 실천해 보는 거예요.

"남편을 있는 그대로 존중해 주세요."라고 말들 하지만, 이 역시 실체를 잡을 수 없으므로 이름을 붙여주어야 합니다.

예를 들어 아침에 일어날 때 엉덩이 토닥여주기, 출근할 때 잘 다녀오라고 꼭 인사하기, 낮에 '수고해요.', '고생해요.'라는 문자 보내기, 남편이 힘든 내색을 보일 때 공감해 주기, 집 청소를 했을 때 반짝반짝 빛난다고 칭찬 많이 퍼붓기, 아이에게 책 읽어주었을 때 세상에 이런 아빠 없다고 칭찬해 주기, 남편의 장점 30가지 써서 벽에 크게 붙여놓기 등, 마음이 가지 않는다고 물웅덩이 안에서 빙빙 돌 것이 아니라, 언어가 행동을 따라갈 수 있게 먼저 물길을 터보는 거예요.

사랑이 오지 않는다면 사랑을 창조해 보세요. 내가 진짜 원하는 것에 집중해 보면서요. 누군가는 사랑을 창조해 내야 한다면 그걸 내가 해보는 겁니다. 나만의 사랑 표현법을 만들어 실천하는 것은

관점을 바꾸고, 새로운 삶을 살아가게 합니다. 다른 사람이 만들어
놓은 사랑의 물길이 나에게 맞지 않는다면 나로부터 사랑의 물길
을 틀 수 있게 스스로 시작해 보세요. 어느 누구도 내 삶을 대신 살
아줄 수는 없으니까요.

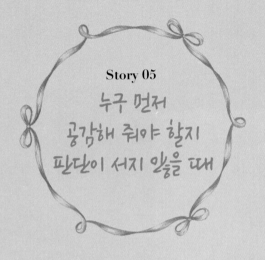

Story 05

누구 먼저
공감해 줘야 할지
판단이 서지 않을 때

공감하는 방법을 알고 있다 해도 당황스러운 상황을 만나게 되면 입이 얼어붙게 됩니다. 실제 상황에서 순간의 판단을 내리기 어렵기 때문인데요, 아마도 '누구를 먼저' 공감해 줘야 할지 모를 때가 가장 힘든 순간일 겁니다.

문제 상황

남편과 다섯 살 난 아들과 함께 오랜만에 시댁에 들러 시어른들을 만나 뵙고 집으로 가는 날 아침, 시부모님의 배웅으로 한차례 인사의 시간이 주어진다.

시아버지 우리 손자 어디 보자. 잘 가고 다음에 또 와(시아버지가 과하게 아이를 안으면서 뽀뽀 세례까지 퍼붓는다).

아들 싫어, 저리 가(할아버지가 꽉 껴안는 것이 불편하고 싫은 아이는 싫다면서 발버둥친다)!

남편 할아버지가 안아주시는데 무슨 버릇이야(아들을 버릇없이 키웠다는 시선을 받기가 두려워 아들에게 화를 낸다)!

할아버지는 손자가 너무 예뻐서 사랑 표현을 한 것뿐이고, 아이는 할아버지가 싫은 것이 아니라 꽉 껴안은 상황 자체가 싫어서 솔직하게 싫다고 말했을 뿐입니다. 그리고 남편은 아버지가 당황스러워하시자 자신의 육아 방식 때문이라고 생각하면서 아들에게 화를 낸 것이지요. 이 상황을 옆에서 지켜보는 엄마의 마음 상태는 불편하다 못해 화가 납니다.

시아버지에 대해서는 '아이에게 인사 좀 적당히 하시지, 꼭 그렇게 꽉 껴안으셔야 하나.' 하는 생각에 화가 납니다.

아이에게는 '할아버지가 안아주면 조금만 그대로 있지, 그렇게 싫다는 티를 팍팍 내나.' 하는 생각이 들어서 화가 나지요.

남편에게는 '그냥 적당히 넘어가면 될 것을 아이가 잘못한 것도 아닌데 아이에게 화를 내면서 감정을 드러내나.'라는 생각을 하게 됩니다. 자기 아이 하나 지켜주지 못한다는 생각에서 화는 점점 더

끓어오르지요.

괜히 옆에 가만히 있던 시어머니에게도 화살이 돌아가지요. 그런데 조금 더 깊이 생각해 보면 이러지도 저러지도 못하는 자기 자신에게 화내고 있다는 것을 알 수 있습니다. 이런 상황에서는 어떻게 해야 하는지 도무지 감이 잡히지 않는 법입니다.

이럴 때는 가장 연장자인 사람의 마음을 대변해 주는 것이 좋습니다.

답변

1. "할아버지가 우리 진수 너무 사랑하셔서 헤어지기 정말 싫으신가 보다."
2. "아버님~ 진수는 그렇게 꽉 껴안는 거 싫어해요."

1번과 2번 중 어떻게 말하는 것이 현명한 공감의 방법일까요?

1번과 같이 말하는 순간, 이 한마디의 말로 모든 상황이 마법처럼 종료되지요. 시아버지의 진짜 속마음을 읽어준 며느리, 아들에게 할아버지가 그렇게 행동한 이유를 알려준 엄마, 내 아버지의 감정을 잘 보호해 준 아내.

삼대가 걸쳐 있는 당황스러운 상황에서는 말 한마디에 상처받기 쉬운 어른들의 감정까지 얽혀 자칫 서로 마음만 상하고 감정의 골이 깊어질 수도 있습니다. 1번의 간단한 공감만으로도 버릇없는 손자, 차가운 며느리, 무심한 아들, 속 좁은 시부모님이라는 오명에서 벗어나 모두의 감정을 어루만져 주게 되지요.

만약 2번과 같이 말한다면 '아이의 감정을 보호해 줘야 한다.'는 모든 육아서의 내용을 단편적으로 흡수한 것입니다. 아이의 감정은 보호해 줘야 마땅하지만, 보호받아 마땅한 '감정'은 모두가 갖고 있습니다. 어른이라고 해서 모두 성숙한 어른이 아닙니다. 상처받은 어린 내면 아이를 갖고 있기 때문입니다. 우리 부모 세대의 어른들일수록 인정이나 공감, 사랑을 받고 싶은 욕구가 우리의 열 배쯤은 되지 않을까요. 그만큼 힘든 시대를 거쳐 오셨으니까요.

지식은 외부에서 얻을 수 있지만, 지혜는 안에서 우러나온다고 합니다. 공부해서 배운 공감의 지식을 내 안의 지혜로 풀어 그 공간을 밝게 비추는 역할, 다른 누구도 아닌 바로 '나 자신'이 그 역할의 주인공이 될 수 있답니다.

Story 06

아이의 빈둥거리는 모습을
따뜻하게 바라보는 것도
'사랑'이다

　아이가 태어났습니다. 아이를 키우다 보면 내 아이가 제일 예쁘고 제일 반짝반짝하다고 믿게 되는 시간들이 있습니다. 그러나 그것도 잠시, 우리 아이와 비슷한 또래의 아이들이 눈에 들어오면서 저절로 '비교'가 되지요.

　특히 비슷한 시기에 태어났는데 옆집 아이의 발달이 빠르면 은근히 속이 상하기 시작합니다. 어제는 마냥 예쁘게만 보였던 아이가 오늘은 못나 보입니다. 어제는 영재 같던 아이가 오늘은 어딘가 부족해 보입니다.

　아이가 조금 더 커서 유치원에 가고 학교에 갑니다. 그곳에서 제일 빛나보여야 한다는 생각에 엄마의 마음은 조마조마합니다. 내 아이는 숙제도 잘해 가야 하고, 책도 많이 읽으면 좋겠고, 구구단도 완벽하게 외우고, 받아쓰기도 100점 맞으면 좋겠습니다.

내가 못했던 것을 아이는 다 잘해야 엄마 마음이 놓입니다. 혹은, 내가 했던 것처럼 아이도 다 잘해야 엄마 마음이 풀립니다.

엄마는 '엄마'라는 타이틀을 얻고 나서부터 아이를 통해 세상을 보려고 안간힘을 씁니다. 그러나 아이가 정말로 바라는 것은 엄마의 불편한 시선이 아니라 '믿음의 시선'입니다.

엄마는 아이를 통해서 대리 만족하려 하고, 아이를 앞세워 자신을 빛나게 하려고 하지요. 아이를 가만히 놔두지 못하는 것은, 부모가 아이를 통해 세상을 바라보려고 하기 때문입니다.

1 아이가 빈둥거리면서 논다.

2 아이가 동네 친구와 놀이터에서 신나게 논다.

3 아이가 수학 문제를 푼다.

위의 세 가지 행동 중에서 부모가 생각하기에 가장 중요하다고 생각하는 일을 순서대로 나열해 보세요.

대부분의 부모들은 '3 → 2 → 1'이라고 대답합니다. 간혹 아이는 놀면서 자라고 배운다고 생각하는 부모들은 '2 → 3 → 1'이라고 대답하거나, '1 → 2 → 3'이라고 하기도 하지요. 그러나 진실은

'1=2=3'입니다.

우리는 '가장'이라는 단어가 가진 위치성의 함정에 빠졌기 때문에 진실을 찾기가 어렵습니다.

빈둥거리는 것과 친구와 놀이터에서 신나게 노는 것과 수학 문제를 푸는 것은 모두 같은 비중으로 아이의 내적 상태에서 일어나는 '즐거운' 행동이어야 합니다.

부모가 이 세 가지의 행동을 다른 비중으로 바라보는 시선을 느끼는 그 순간부터 아이는 자신의 힘대로 살아가지 않고 눈치를 보면서 자라게 됩니다.

믿음이란 독립입니다. 아이가 부모에게서 독립하지 못하는 것은 부모가 아이를 놔주지 않기 때문이지요. 믿는다고 하면서 빈둥거리는 아이에게 영어 집중듣기를 강요하고, 수학 문제를 억지로 풀게 하지는 않았는지 생각해 봐야 합니다.

빈둥거리는 아이를 수학 문제 푸는 모습을 바라보듯이 바라보려면 부모 안에 있는 위치성을 놓아버려야 합니다. 아이를 통해 세상을 바라보고 있는 자신을 알아차린다면 그 자각만으로도 진실을 볼 수 있는 힘을 찾게 됩니다.

아이는 빈둥거리면서 정서를 채우고, 삶의 여백을 느끼며, 쉼을 통해 에너지를 충전하고, 몸도 자라고 마음도 자랍니다.

친구와 놀 때는 '관계'의 즐거움을 알아가고, 사람 사이의 경계에 대해 배우며, 상호작용을 통해 사회성을 기릅니다.

수학문제를 풀 때는 수학적 원리를 이해하고, 문제 푸는 재미를 느끼며, 고민하는 과정에서 생각이 자라납니다.

그렇다면 과연 이 중에서 '가장' 중요하고 '덜' 중요한 것이 있을까요? 이들 사이에 경중을 따질 수 있을까요? 이 행동을 통해 얻어지는, 이 안에 들어 있는 고유한 가치에 위치성을 부여할 수 있을까요?

정답은 '1=2=3'이 될 수밖에 없습니다. 삶이 수학만 잘해서는 결코 온전하지 않지요. 이 모든 것이 통합될 때 삶이 여유 있게 흐르고 가벼우며 풍요로워집니다.

부모인 우리가 아이의 빈둥거리는 모습을 마음속 깊은 곳에서까지 웃으며 바라본다면 아이의 삶은 부분으로 나뉘지 않고 전체가 통합될 것입니다.

아이의 빈둥거리는 모습을 바라보는 따뜻한 시선이 바로 '사랑'입니다.

Story 07

'좋은 관계',
아이와 소통하려는
진짜 이유

"아이가 말을 안 들어요."

"왜 만날 말로 안 하고 징징거리는지 모르겠어요."

"이번 기회에 버릇을 좀 고쳐놓고 싶어요."

"사춘기가 되더니 더 말을 안 하려고 하고, 부모를 무시해요."

"마트만 가면 뒤집어져요."

    의사소통을 배우러 온 많은 부모들이 '소통'의 어려움을 호소하
며 답답한 마음에 털어놓는 이야기들입니다.

    사실 이 말들은 근본적으로 잘못되어 있습니다. 그렇지만 처음부
터 잘못되었다고 말할 수는 없습니다. 그분들은 이 문제들로 인해

어려움을 겪고 있고, 소통으로 해결하고 싶어서 오셨으니까요. 내가 해야 할 일은 의사소통 기술을 알려줌으로써 자신의 생각을 점검해 보게끔 안내하는 것이지요.

소통의 기술을 알고 싶은 이유는 일상의 문제들을 해결하고 싶어서입니다. 다시 말해 소통의 목적은 문제 해결에 있는 것이지요. 그러나 소통의 근본적인 목적은 문제를 해결하는 게 아니라 '관계'를 좋게 하는 데 있습니다.

아이가 말을 안 듣는다면 아이에게 어떤 욕구가 있는 것이니 천천히 관찰하면서 그 욕구를 읽어주면 됩니다. 보통은 엄마는 하지 말라 하고, 아이는 하고 싶어 해서 문제가 생기지요. 엄마가 아이의 행동에 대한 기준이 명확하다면 아이의 마음을 먼저 공감해 주어 아이의 감정이 이성과 평형을 유지할 수 있게 도와준 뒤, 왜 안 되는지를 설명해 주어야 아이가 이성적으로 생각하고 판단하게 됩니다.

아이가 말로 안 하고 징징거린다면 부모 중 어느 한 사람이 무서울 가능성이 많습니다. 그러니 아이가 마음껏 표현하지 못하고 징징거리는 거지요. 사실 아이들은 처음부터 유창한 언어로 자신의 마음을 표현할 줄 모르는 게 당연합니다.

부모가 집에 들어섰을 때 집안이 온통 난장판이어서 "이게 돼지 우리지 집이니!" 하고 소리 지른다면, 부모 스스로가 원하는 것을 말로 잘 표현하고 있는지 점검해 봐야 합니다. 어른도 하기 어려운

데, 아이가 말로 표현하는 것은 얼마나 더 어려울까요.

아이들은 부모에게 혼나거나 비난을 받으면 행동을 수정하겠다는 생각을 하는 것이 아니라, 본능적으로 방어부터 합니다. 그래서 부모가 아이를 혼낼수록 행동은 수정되지 않으면서 관계만 더 나빠지게 되지요.

소통의 목적이 행동 수정이나 문제 해결이 아니라, 관계를 좋게 하는 데 있음을 알아주세요. 이래라저래라 틀을 정해 두고 그 길을 가라고 하기 전에 부모 자신이 완벽한 사람인지부터 돌아봐야 합니다.

아이가 좀 더 자라 사춘기가 되어 말수가 줄어들었다면 그것도 분명 이유가 있을 것입니다. 그러한 아이의 행동을 공격으로 받아들이면 부모는 무시당했다고 느끼게 됩니다.

아이가 사춘기가 되면 본격적으로 내면 성찰이라는 것을 합니다. 본인의 내면에 집중하느라 아이는 지금 정신이 없는 것일 뿐, 부모를 무시하기 위해 일부러 말을 안 하는 것이 아닙니다. 부모는 오히려 아이의 내면 성찰을 반기며 격려해 주어야 합니다.

좋은 소통은 좋은 관계를 만듭니다.

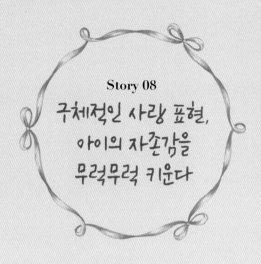

Story 08

구체적인 사랑 표현, 아이의 자존감을 무럭무럭 키운다

세상의 모든 부모는 자식을 사랑합니다. 누군가 자녀를 사랑하느냐고 물어본다면 당연히 사랑한다고 말할 겁니다. 그런데 많은 부모들이 '어떻게' 사랑하는지에 대해서는 선뜻 대답하지 못합니다.

우리가 어릴 때 부모가 어떻게 사랑해 주었는지 돌이켜 생각해 볼까요? 부모의 사랑을 느끼고 자란 것 같지만, 사실 그 실체가 분명하지 않고 모호하기 때문에 마음 깊은 곳에서 외로움을 느끼는 경우가 종종 있었을 것입니다. 어쩌면 사랑을 많이 받고 자랐다는 느낌보다는 부모의 걸러지지 않은 감정 표현들을 받아내느라 힘겨웠던 기억이 있을지도 모릅니다.

아이가 발달 단계마다 거쳐야 하는 '결정적 시기'의 과업이 있듯이, 사람은 누구나 사랑받는다는 것을 구체적으로 느껴야 하는 '결정적 시기'가 있습니다. 결정적 시기를 놓치게 되면 성장의 시기를 방황하며 보내게 되고, 내면의 위기들을 겪게 됩니다.

외계인도 무서워한다는 '중2병'이 사춘기 방황의 대명사가 되었지만, 이 방황의 '방향'을 결정짓는 것도 결국은 부모의 사랑이 얼마나 구체적이었는지에 달려 있습니다. 어린 시절의 관계가 현재 관계의 90퍼센트 이상을 차지한다는 말은 어린 시절에 사랑을 '어떻게' 받았느냐는, '사랑'이라는 추상적인 것에 대한 '구체성'의 문제와 연결됩니다.

과거에 근무하던 중학교에는 1년에 한 번씩 'Free Hug Day'가 있습니다. 그날만큼은 친구끼리, 동료끼리, 스승과 제자 간에 애정을 담아 포옹하는 날입니다. 이 날은 학교에도 함박웃음꽃이 피는 환한 날이지요. 쑥스러운 듯해도 아이들이 프리 허그를 할 때의 얼굴은 엄마의 사랑을 받는 어린아이의 모습처럼 정말 해맑고 밝습니다.

생각해 보세요, 청소년기의 아이들이 부모나 친구들과 평소에 얼마나 포옹을 하며 지낼까요.

사랑하는 사람이 생기면 우리는 그 마음을 어떻게 표현해야 좋을지 몰라 즐거운 고민에 빠지지요. 편지도 쓰고 선물도 주고 스킨십도 하면서 '내가 당신을 이렇게 사랑하고 있다.'는 마음을 표현하고는 합니다.

그렇다면 아이에게 사랑하는 마음을 어떻게 표현해야 하는지 잘 모를 때 할 수 있는 가장 좋은 방법은 어린 시절로 돌아가보는 것입니다.

내가 어릴 적에 듣고 싶었던 말,

내가 어릴 적에 받고 싶었던 눈빛,

내가 어릴 적에 만지고 싶었던 손,

내가 말을 했을 때 즉시 반응해 주는 행동,

내가 실수했을 때 괜찮다고 해주는 포옹,

내가 머뭇거릴 때 기다려주는 마음

조금만 자신에게 집중해 보면 이보다 훨씬 더 많은 사랑 표현의 방법들이 생각날 겁니다. 사랑을 받고 싶은 이유는 '사랑'이 가장 강렬한 본능이기 때문입니다.

아이의 웃음이 어느 때 가장 환하고 거침없는지 떠올려보세요. 부모의 사랑을 조건 없이 받을 때라는 것을 알 수 있습니다. 그럴 때 아이의 웃음 소리는 담장을 넘습니다.

하루에 50번씩 사랑한다고 말하기, 하루에 100번씩 포옹해 주기, 아침에 헤어질 때 뽀뽀 다섯 번 해주기와 같은 일반적인 사랑의 표현 방법부터 아이가 지나가다가 길거리에서 무언가에 꽂혔을 때

10분만 기다려주기, 약속시간 바로 전에 재촉할 것이 아니라 미리 미리 이야기해 주기, 바지에 실수했을 때 심호흡 열 번 하고 말하기 등 특정한 상황에 따라 사랑을 표현하는 방법은 다양합니다.

사랑의 표현을 구체적으로 할 수 있는 행동 강령을 만들어놓고 냉장고에, 식탁에, 현관문에 붙인 다음 실천해 보세요. 실천이 어려운 이유는 근본적으로 유년 시절과 관계가 있겠지만, 현실에서는 사랑 표현보다 엄마로서 해야 한다고 생각하는 일들이 너무 많기 때문입니다. 그래서 익숙하지 않은 사랑 표현은 종종 2순위가 되고 말지요.

50번, 100번이라는 숫자가 중요한 것이 아닙니다. 사랑이 구체적으로 표현되면 아이 스스로 자신을 존중하는 마음도 함께 자랍니다. 이것이 자존감이지요.

게다가 사랑의 표현은 우리 가정만의 고유한 문화를 만들어내기도 합니다. 아빠와 눈빛 교환하기, 코 뽀뽀, 동생과 하이파이브 하기, 엄마랑 윙크하기, 애칭 부르기, 서로에게 손편지 쓰기처럼 사랑의 표현도 다양해지고 깊어집니다.

그중에서 편지 쓰기는 진정성을 담을 수 있는 쉽고도 효과가 좋은 방법입니다. 아이도 편지를 통해 깊은 속마음을 표현하니까요. 생일 같은 특별한 날에 쓰는 사랑의 편지는 최고의 의식이 되기도 합니다. 그래서 예부터 편지가 천년이 지나도 변하지 않는 사랑 표

현의 고전이 될 수 있었던 것 아닐까요. 큰 아이 이안이와의 편지
노트에는 2학년이 되니까 부모가 얼마나 소중한지 느꼈다고 쓰여
있습니다. 아이의 마음이 깊숙하게 전해져 왔지요.

사랑받고 자란 아이는 사색하는 힘이 다릅니다. 사색할 줄 아는
아이는 마음의 표현이 유려하고, 자신의 감정에 솔직하며, 감사와
배려가 무엇인지 잘 알고 있습니다.

사랑의 표현들이 없었다면 아이마다 고유함과 특별함을 진정성
있게 수용해 주기까지 더 오래 걸리지 않았을까 하는 생각을 해봅
니다.

마음을 담은 사랑 표현의 메시지는 결국 'Be yourself!(너 자신이
되어라!)'라는 의미로 귀결되고, 자존감은 무럭무럭 자랍니다. '네가
가진 고유함을 엄마는 온전히 존중하겠다.'는 뜻이지요.

자기 자신을 존중하는 자존감 높은 아이로 자라면 성장했을 때

마음을 담은 사랑 표현의 메시지는 상대방의 고유함을 인정하겠다는 의미를 담고 있다.

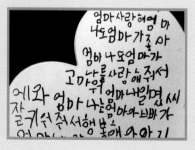

남이 풀어놓은 기출문제에서 답을 찾으려 하지 않을 겁니다. 그리고 자기 안에 가진 것을 보여줌으로써 당당하게 세상으로 나아가 아무도 가지 않은 길에 발자국을 낼 것입니다.

'우리 가정'만의 사랑 표현법을 만들어보세요. 아이의 웃음소리가 유쾌하고 시원하게 담장을 넘어 행복을 가져다 줄 테니까요.

Story 09

아이 스스로 문제를 해결할 수 있는 기회를 줄 것

남자 중학교에서 근무할 때 보니, 아이가 학교라는 공간에서 사회생활을 시작하면서 부모의 신경을 거슬리게 하는 것 중 하나가 '싸움'이었습니다. 굳이 치고받고 하지 않더라도 욕구 갈등으로 인해 생긴 다툼에는 늘 어른들이 판단해 버린 '피해자'와 '가해자'가 생기게 마련입니다.

사실 아이들 싸움에서 감정적으로 힘들어하는 사람은 아이들이 아닌 부모들입니다. 아이들의 다툼에 부모들의 감정이 엉켜서 먼저 튀어나가는 것이지요.

웬만한 다툼은 아이들끼리 삐걱거리면서 해결해 나갈 힘이 있습니다. 그런데도 불구하고 마치 내 생명보다 더 귀한 자식의 일이라면서, 감정 조절을 못하는 건 종종 부모들입니다. 그래서 옛말에 아이 싸움이 어른 싸움 된다는 말이 있나 봅니다.

싸움은 아이들이 함께 생활하면서 흔히 일어날 수 있는 일입니다. 문제는 감정 조절에 있는 것이 아니라, 아이의 문제를 부모의 것으로 가져오는 데서 시작합니다. 그리고 그 순간 과거의 내적 불행들이 수면 위로 떠오르기 시작하지요.

욕구 갈등에서 생긴 다툼의 경우를 예로 들어보려 합니다.

상황_ 물건 하나를 두고 아이가 서로 먼저 쓰겠다고 하다가 싸움이 났습니다. 이럴 때 부모의 반응을 유형화해 보았습니다.

가해자 아이의 부모

1. "그럴 수도 있지." – 내 아이 무조건 감싸기 식
2. "이번 기회에 아이 버릇을 단단히 고쳐놓아야겠어." – **아이를 죄인 취급하기 식**

피해자 아이의 부모

1. "그냥 못 넘어가. 사과를 꼭 받아내야겠어." – **아이가 괜찮다는데도 문제를 확대하기 식**
2. "뭘 그런 걸 갖고 다 그러니." – **아이의 감정을 위로해 주지 않고 축소하기 식**

아이들의 욕구 갈등으로 인해 싸움이 일어났을 때 대부분의 부모는 위의 네 가지 중 하나의 모습을 띠게 됩니다.

학교에서 다툼을 중재하는 어른은 교사입니다. 내 아이가 가해자인 경우, 내 아이만 무조건 감싸기 식으로 나오거나, 아이가 이미 사과를 했고, 또 교사에게 꾸중을 들었는데도 불구하고 아이의 버릇을 단단히 고쳐놓겠다고 집에서 다시 한 번 매를 들거나 혼을 내는 부모들이 많습니다.

그러나 가만히 생각해 보면, 부모의 이런 행동은 아이의 인격을 무시하는 행위입니다. 아이도 자신이 잘못한 행동을 알고 있지요. 이럴 때는 그저 "그 상황에서 말로 하지 않고 주먹이 나갔다고 하니 엄마가 많이 놀라고 당황했어. 네가 잘 해결할 거라고 믿는다." 정도로만 이야기해 주면 됩니다. 구구절절 설교를 늘어놓으면 아이에게 두 번 상처를 주는 셈이지요.

아이가 피해자인 경우, 부모가 가장 먼저 해야 할 일은 아이의 속상한 감정에 진심으로 공감해 주는 것입니다. 그리고 부모가 나서서 문제를 해결할 것이 아니라, 아이에게 물어보는 것이지요. "너는 어떻게 해결되기를 바라니?"라고요. 아이의 문제는 아이의 것입니다. 부모가 필요하다면 그건 듬직한 버팀목이 되어주어 마음의 서러움을 녹여주는 따뜻함을 보여주는 것뿐이지요.

아이의 문제에 부모가 꼭 필요한 상황이라면 '부모 자신'을 위해서 생각하지 말고, '아이'를 위해서 생각해야 합니다.

아이에게 사과를 시키지 말고 기회를 주세요.
아이의 문제를 해결해 주지 말고 기회를 주세요.

아이는 이미 모든 힘을 갖고 있으니까요. 그렇게 든든하게 기회를 선물받을 때마다 그 힘은 두 배, 세 배로 커나가게 됩니다. 아이 안에 있는 내면의 힘을 쓸 수 있는 기회를 부모가 빼앗지 않는 것, 그것이 부모로서 보여줄 수 있는 최고의 믿음입니다.

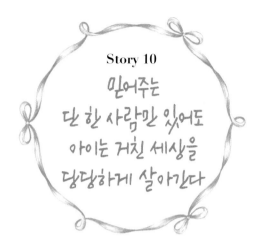

Story 10

믿어주는
단 한 사람만 있어도
아이는 거친 세상을
당당하게 살아간다

하와이 군도 북서쪽 끝에 작은 섬이 하나 있습니다. 둘레는 50킬로미터, 인구는 3만 명에 불과한 카우아이라는 섬의 이야기입니다. 의사소통 기술 관련 과정을 수료하던 날, 연구소 소장님이 이 섬의 이야기를 들려주었습니다.

한때 이 섬은 어려움과 좌절로 가득 차 있었습니다. 가난하고 일정한 직업이 없는 부모들 사이에서 아이들이 태어났지요.

하버드대학의 에미 워너 교수는 이 섬에서 가장 불행하고 가난한 환경에 있는 833명의 아이들을 40년 이상 추적 조사했습니다. 결과는 놀라웠습니다. 불우한 환경에서 자란 아이들의 미래도 불행할 것이라고 예상했던 것과는 달리, 아이들 중 3분의 1은 자존감이 높고 사회적으로도 성공한 삶을 살아갔다고 합니다.

　이들에게는 공통점이 하나 있었는데, 출생 후 스무 살이 될 때까지 아이를 믿어주는 한 사람이 있었다는 겁니다. 볼 때마다 따뜻하게 인사를 건네주는 옆집 할머니, 갈 때마다 안부를 물어봐주는 동네 슈퍼 아주머니, 실패하고 좌절해도 괜찮다고 격려하고 다음을 믿어주는 선생님, 오며 가며 있는 그대로를 칭찬해 주는 동네 아저씨, 부모, 조부모, 삼촌, 이모 등이었답니다.

　열악한 환경에서도 아이의 존재 그대로를 사랑하고 믿어주는 한 사람만 주변에 있어도 아이는 자신의 환경에 낙담하지 않고 행복을 선택할 수 있는 힘이 생긴다고 합니다.

　"당신이 그 사람이 되어주세요!"

　수료식을 하던 날, 이 말씀을 듣고 펑펑 눈물을 쏟았습니다. 그리고 나도 그 사람이 되어줄 수 있다는 말에 전율했습니다.

　내 아이에게만큼은 조건 없이 믿어주는 한 사람이 되어주어야겠다고 생각하니 아이를 얼른 만나고 싶은 생각마저 간절하게 들었습니다. 아이에게 '엄마'란 원래 그런 존재가 아닐까 하면서요.

　정채봉 님의 시 〈엄마가 휴가를 나온다면〉에 보면, 하늘나라에 계신 엄마를 그리워하는 마음이 절절히 표현되어 있습니다. 하늘나라에 계신 엄마가 단 5분만이라도 휴가를 얻어 나온다면 엄마 품속에 들어가 억울한 일 딱 하나만 일러바치고 엉엉 울겠다는 내용이지요.

가만히 생각해 봅니다. 아이에게 억울한 일 일러바칠 수 있는 넉넉한 엄마가 되어주고 싶다고 생각해 봅니다. 내 품에서 엉엉 울 수 있게 엄마의 마음을 방어하지 않을 거라고 다짐해 봅니다. 아이가 삶의 어느 부분에서 생채기로 힘들어할 때 언제든 돌아보면 눈맞춤해 줄 수 있는 자연스러운 미소를 가져야겠다고 생각해 봅니다. 곁에 있어도 늘 그리운, 나의 이름은 '엄마'니까요. 불러만 봐도 눈물 그렁해지는 그런 존재니까요.

어느 날 둘째아이 수아가 운전석 뒷좌석에 앉아서 말합니다.

"엄마, 엄마가 일찍 죽으면 내가 너무 많이 슬퍼서 나도 죽게 될 거야. 그러니까 엄마, 운전할 때 휴대폰 보지 마. 운전 조심히 해야 돼. 알았지?"

그 순간 나는 알게 되었습니다. '내가 아이를 이 세상에 초대한 그 날, 이미 나는 나 혼자만의 생명이 아니었구나!' 하고요.

어린아이는 값비싼 장난감보다 한 번의 따뜻한 포옹을 몸에서 평생 기억한다고 합니다. 몸의 기억은 무의식에서 계속 살아 있어, 아이가 힘든 순간마다 꺼내어 그것을 다시 느껴본다고 하지요.

"너를 믿어주는 한 사람이 이 세상에 존재한다면, 그건 바로 엄마일 거야."라고 속삭여보세요. 아이는 그 힘을 믿고 세상으로 나가 당당하게 살아갈 겁니다.

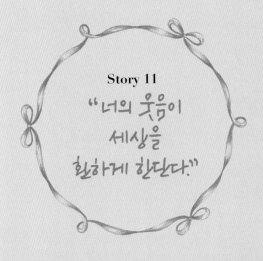

중학교 2학년 국어 교과서에 나오는 바벰바족의 이야기를 아이에게 들려준 적이 있습니다. 사람의 본성은 타고나는 것이지만, 그 본성 위에 세우는 아이의 가치관은 주 양육자인 부모의 말 한마디에 좌우된다는 사실을 알고 있었기 때문이지요.

남아프리카 부족 가운데 하나인 바벰바족 사회에서는 범죄가 거의 일어나지 않는다고 합니다. 그런 바벰바족에 대해 관심을 갖게 된 학자들은 이 부족을 연구했고, 마침내 놀라운 발견을 하게 됩니다. 부족 사람들은 누군가 범죄를 저지르면 그 사람을 광장 한복판에 세운 뒤 모두 모여 그를 둘러쌉니다. 그러고는 돌아가며 한마디

씩 하기 시작합니다. 그런데 그 사람을 비난하거나 돌을 던지는 것
이 아닙니다. 그가 과거에 했던 고마운 행동이나 칭찬, 선행 또는
장점의 말들을 한마디씩 하는 것입니다.

"넌 원래 착한 사람이었어."

"작년에 비 많이 왔을 때 우리 집 지붕을 고쳐줬잖아. 고마워!"

칭찬의 말들을 쏟아내다 보면 죄를 지은 사람이 흐느껴 울기 시
작한다고 합니다. 그러면 사람들이 한 명씩 다가와 안아주면서 진
심으로 위로하고 용기를 줍니다. 그렇게 칭찬의 시간이 끝나고 나
면 그가 새사람이 된 것을 인정하는 축제를 벌이고 끝을 맺는다고
해요. 중요한 건, 범죄를 저지르는 사람이 거의 없어 이런 축제를
하는 일이 극히 드물다는 것이지요.

이 이야기를 읽고 나서 범죄의 근본 원인에 대해 생각해 보게 되
었습니다. 도둑질, 강도, 사람을 때리는 행위 등 의도적 범죄는 심
리적 박탈감에서 오는 경우가 많습니다. 즉 사회의 공동 책임이라
는 뜻이지요. 사회는 다른 누구도 아닌 우리들 한 사람 한 사람이
만들어가는 것이니까요.

바벰바족은 세 가지 본질을 깨닫고 있었습니다.

첫째, 심판은 인간의 영역이 아닌 신의 영역이라는 것입니다.

둘째, 우리 사회는 한 사람 한 사람이 만들어가는 것이므로 한 사

회의 범죄는 범죄자 한 사람만의 책임이 아니라 우리 모두의 책임이라는 것입니다.

셋째, 말에 아주 큰 힘이 있다는 것입니다. 이것은 높은 의식입니다. 나만 잘살면 되고 나만 범죄를 안 저지른다고 좋은 세상이 되는 것은 아니니까요. 범죄자든 아니든 사람은 누구나 본성을 일깨워주면 마음 깊은 곳의 자기와 맞닿을 수 있습니다. 이 부족의 범죄자가 흐느껴 우는 것도 아마 그래서일 겁니다. 사람의 말 속에 담긴 영적인 힘을 알기 때문이지요.

이 이야기를 들려준 뒤, 아이에게 편지를 써서 선물했습니다. 말에 담긴 신비함을 빌려 엄마의 진심을 전하고 싶었거든요.

사랑하는 딸아.
엄마의 인생은 두 번으로 나눌 수가 있는데,
그건 '네가 태어나기 전'과 '네가 태어난 후'란다.

어른이 된다는 것은
나이만 먹으면 마법처럼 저절로 이루어지는 것인 줄 알았는데,
좋은 어른이 된다는 것은
너의 존재로 인해 하나하나 배워야 하는 거였어.

그 과정에서 엄마는
불쌍하고 아픈 엄마의 어린 시절도 만나고,
또…… 사람은…… 아파도 혼자서 삶의 길에 서야 한다는 것과,
힘들어도 혼자서 사랑을 배워야 한다는 것도 알게 되었어.

엄마가 그동안 너를 아프게 한 게 있다면
그건 네가 미워서가 아니라
엄마가 이런 것들을 알아가는 과정에서 겪는
엄마 자신의 힘겨움 때문이었어.

엄마의 진심은 너에게 '감사함'이야.
엄마가 누구인지 엄마 자신을 찾는 여행을 하게 해준 고마운 존재가
바로 너니까.

네가 너의 인생을 여행할 때
때론 힘들어 울게 된다면,
엄마는 곁에서 말없이 함께 울어주는
그런 친구이고 싶구나.

너와 나
우리들 사이에 따뜻한 햇볕도 내리쬐게 하고,
선선한 바람도 지나가게 하고,
아름다운 풀꽃도 피어나게 하자.

너의 웃음이 세상을 환하게 한다는 것을 잊지 마.
사랑하고 사랑한다.

아이의 실수를 비난하고 타박하기보다는 '괜찮다'는 말로 먼저
위로해 줄 수 있는 엄마는, 아이가 엄마의 스승이라는 말을 깊이
받아들인 사람입니다. 엄마의 실수에 죄책감을 느끼지 말고, 엄마
역시 처음에는 '아이'로 태어났다는 것을 깊이 받아들인다면 어떨
까요? '엄마'라는 말이 주는 의무감과 무게감에 허우적거리기보다
는 엄마도 언제나 배워가는 사람이라는 것을 인정하게 되고, 더 나
아가 마음이 가벼워질 것입니다.
아이에게 '좋은 엄마여야 한다.'라는 당위성을 버리고, '좋은 엄마
가 되고 싶다.'라는 내면의 선택이 있어야 진정한 어른이 될 수 있
습니다. 진정한 어른이 된다면 아이와의 관계는 더 큰 행복감으로
채워질 것입니다.

Story 12

엄마 아빠에 대해
알려주는 것,
'소통의 기쁨'이다

어릴 적에 유독 가슴 아프게 다가온 GOD의 〈어머니께〉라는 노
래 가사에 이런 말이 있습니다.

어머님은 짜장면이 싫다고 하셨어.

어머님은 짜장면이 싫다고 하셨어.

……그렇게 살아가고

……너무나 아프고 하지만 다시 웃고.

그 아이가 철이 들 때까지, 엄마는 정말로 짜장면을 싫어하시는

줄 알았겠지요.

우리 엄마 세대들이 흔히 하는 거짓말이 있습니다. "엄마는 그거 별로 안 좋아해. 너 많이 먹어."라는 말이지요.

결혼을 해서 아이를 키우다 보니, 그때의 우리 엄마 말을 내가 하고 있다는 것을 깨달았을 때 마음이 울컥했던 적이 있습니다. 그러고 보니 나는 우리 엄마가 무슨 음식을 좋아하는지, 무슨 색깔을 좋아하는지 선뜻 입에서 나오지 않습니다.

엄마가 엄마의 것을, 엄마 자신을 자식에게 말하지 못했던 이유는 무엇일까요.

엄마는 엄마 자신도 알아채지 못한 채, 엄마 스스로 사랑이 아닌 '희생'을 선택한 것은 아니었을까요. 사랑은 소통이고 희생은 일방적이니까요. 희생으로 본인도 아프고 자식도 아팠던 것은 아니었을까요.

큰아이 이안이가 18개월 무렵, 장미 넝쿨 길을 지나갈 때였습니다. 그 풍경이 너무 아름다워서 "와! 이안아, 이 장미향 좀 맡아봐. 엄마는 이런 장미 넝쿨 향기가 너무 좋더라."라고 말했습니다.

그리고 얼마 후, 그 길을 다시 지나가는데, 꽃잎이 길에 많이 떨어져 있었습니다. 그랬더니 이안이가 그 꽃잎 길이 시작되는 지점에서 어쩔 줄 몰라 하며, "엄마가 좋아하는 꽃이 아파. 꽃이 아파."라고 말하면서 발을 떼지 못했습니다.

그 모습을 보고 깜짝 놀랐습니다. 단지 장미향에 취해서 나도 모르게 혼잣말처럼 중얼거린 건데, 아이는 엄마가 장미꽃을 좋아하는 걸 기억하고 있었습니다. 그것도 가슴 깊이 말이에요.

엄마가 무엇을 좋아하는지 기억해 주는 아이. 그때부터 나는 '엄마'의 입장에서 아이에게 내 자신을 개방해야 진정한 사랑이 흐른다는 것을 알아차렸습니다. 아이가 무엇을 좋아하고 싫어하는지만 알고 있을 것이 아니라, 엄마가 무엇을 좋아하고 싫어하는지 알려 주어야겠다는 생각이 들었지요.

사랑을 하게 되면 서로에 대해 알고 싶어집니다. 상대방이 무엇을 좋아하는지, 무슨 색깔을 좋아하는지, 어떤 계절을 좋아하는지, 심지어는 좋아하는 숫자까지도 알고 싶어지지요. 그 알아감의 힘이 곧 '사랑'이 아닐까 싶을 정도로 우리는 상대방에 대해 기를 쓰고 알고 싶어 합니다.

아이에게 얼마나 엄마와 아빠에 대해 알려주었나요?

의사소통 워크숍 시간에, 엄마 아빠가 좋아하는 색깔을 알고 있는 아이가 몇 명이나 되는지 물어본 적이 있습니다. 열 명 중 한두 명만 알고 있었습니다. 지금까지의 삶이 얼마나 일방적이었는지 깨닫게 됩니다.

아빠 엄마가 기분이 좋은 건 언제인지, 아빠 엄마가 무슨 과일을 좋아하는지, 아빠 엄마가 무슨 음식을 좋아하는지, 아빠 엄마가 무슨 색깔을 좋아하는지, 아빠 엄마가 어떤 특이한 버릇이 있는지 등을 아이에게 알리고 개방해 보세요. 서로를 알아가는 중요한 시간이 될 것입니다.

엄마 아빠의 잔소리 대신 이런 이야기들을 채워 넣는다면 아이와의 소통은 물 흐르듯 자연스러워지고, 서로에게 보내는 관심과 사랑에 균형이 생기게 됩니다.

'희생'이 아픈 이유는 이것을 주어도 저것을 주어도, 또 이것을 받아도 저것을 받아도 일방적인 사랑에 마음이 불편하기 때문입니다. 우리 부모가 주었던 희생을, 우리는 의식적으로 사랑으로 돌릴 수 있는 힘이 있습니다.

부모인 '나'를 알려주는 것이야말로 소통의 기본 중에 기본이 됩니다.

수아 엄마가 연두색을 좋아하니까, 나는 이번에는 연두색 판으로
게시판을 만들어볼래.
이안 엄마는 카페모카를 좋아하니까, 내가 사올게.
수아 아빠는 비가 와도 운동을 꼭 하니까 아마 오늘도 운동하겠
지, 엄마?"
이안 아빠가 삼겹살을 좋아하니까 오늘 저녁은 삼겹살 어때?

아주 평범한 일상의 대화 속에 깃든 서로에 대한 알아감. 우리는 이런 마음을 '사랑'이라고 부릅니다.

오늘은 아이에게 엄마 아빠가 좋아하는 것을 이야기해 보는 시간을 가져보는 것은 어떤가요. 복잡하던 마음에 쉼표가 하나 생길 것입니다.

아이의 눈을 보면서 진짜 소통을 해보는 시간, 이것이야말로 참 따뜻한 사랑이니까요.

Story 13

아이가 친구 문제로 속상해할 때

누군가로부터 놀림을 받으면 아이는 바로 반응을 합니다. 놀리는 행위는 감정을 건드리는 것이기 때문에 이 반응은 당연하고 자연스럽습니다. 보통은 울음을 터뜨리거나 주먹이 나가는 행동으로 반응하지요. 그것도 아니면 속상한 마음을 꼭꼭 눌러서 내면화시켜 버립니다. 그런데 그 반응 자체가 아이에게 불리하게 작용합니다.

놀리는 아이와 때리는 아이, 과연 누가 더 잘못한 걸까요?

어른들은 '사건의 진상 규명'을 하고 판단하기 시작합니다. 그러고는 이렇게 결론을 내립니다.

"친구를 먼저 놀린 건 나쁘지만, 그렇다고 이렇게 상처를 내며 때리는 건 더 나쁜 짓이다."

그렇지만 이 말에는 치명적인 오류가 있습니다. '뭐가 더 나쁘다.'는 없는데도 어른들은 판단하고 규정하려 들지요. 교통질서를 바로잡듯 감정에도 질서를 잡아 서열을 만들어놓습니다.

그래서 그동안 우리는 긍정적인 감정은 존중받고 지향을 해야 하는 감정으로, 부정적인 감정은 서둘러 마무리해야 하거나, 아예 회피하거나, 꼭꼭 눌러두어야 하는 것으로 배웠습니다.

하지만 감정에는 윤리성이 없습니다. '저놈을 죽이고 싶다.'라는 감정이 드는 것 자체는 고유한 감정입니다. 존중받아 마땅하지요.

친구가 말로 놀린 것은 실체가 보이지 않을 뿐, 때리는 행위와 동등한데도 불구하고 감정적으로 반응한 아이에게 '더 나쁘다'는 꼬리표를 달아 '나쁜 아이'로 규정해 버립니다. 이것이 학교 폭력에서 흔히 일어나는 일이지요.

아이가 다른 아이에게 놀림을 당하거나 피해를 입을 때, 순간의 감정에 반응하지 않고 대응하게 하려면 부모는 어떻게 도와주어야 할까요?

먼저, 감정 자체는 고유하다는 것을 인정해 주어야 합니다.

"엄마, 동생을 죽이고 싶어!", "동생을 쓰레기통에 넣어버릴 거야!"라고 극단적인 감정을 표현했을 때 "그런 말 하면 못써! 어디서 그런 말을 배웠어? 응?" 하면서 다그치면 아이는 엄마 몰래 동생을 괴롭힙니다. 숨어서라도 분풀이를 하고 싶은 거지요.

아이가 부정적인 감정을 표현해도 엄마는 아이의 감정을 존중해 주어야 합니다. 이럴 때는 "그런 생각이 들 정도로 동생에게 화가 났구나!"라고 말해 주면 됩니다. 이렇게 아이의 마음에 공감해 주기만 해도 아이는 자신의 감정을 존중받았다는 느낌을 갖게 됩니다.

두 번째로, 반응하지 않고 대응하는 방법을 알려줘야 합니다.

"동생을 때리고 싶을 정도로 동생이 미웠구나! 그렇지만 동생을 때리는 행동은 안 돼. 다른 사람을 아프게 해서는 안 되거든. 너도 엄마 아빠에게 소중하듯이 다른 사람도 소중하단다. 동생을 때리는 대신 너의 마음을 표현할 만한 좋은 방법이 있어. 동생에게 '그건 형 거니까 건드리지 마.'라고 동생 눈을 바라보면서 분명하고 씩씩하게 말해 주는 거야."라고 이야기해 줍니다.

친구에게도 마찬가지입니다. 친구가 놀릴 때는 아예 무시하거나, "나는 네가 그렇게 말하면 기분이 나빠져. 그렇게 말하지 마!"라고 분명하게 친구의 눈을 바라보며 이야기할 수 있어야 합니다.

반응은 감정의 동요에 대한 즉각적인 행동입니다. 대응은 자신의 감정을 잘 느끼되 행동을 조절하면서 경계를 분명하게 하는 대처 방법이지요.

부정적인 상황에 처했을 때 두려운 마음에 방어적으로 반응하지 말고 자신의 경계를 분명히 치는 여유를 가져야 합니다. 두려움을 느끼지 않기 위해 방어를 하면 서로의 감정이 뒤엉켜 곧 감정 싸움으로 번지게 됩니다. 감정 싸움은 결국 반응하는 사람이 '더' 나쁜 사람이 되어버리고 말지요.

아이의 부정적인 감정이 엄마에게 전이되는 것은 순식간입니다. 때때로 아이는 괜찮은데 엄마의 감정이 요동치는 경우도 있습니다. 이럴 때는 반응하지 않고 대응하는 방법을 아이에게 알려주세요. 그러는 과정에서 엄마의 감정이 내려가는 놀라운 경험을 할 수 있습니다.

감정을 존중받지 못한 아이는 그 감정을 부정당했다는 생각에 끊임없이 방어하면서 관계를 형성해 나갑니다. 이렇게 자란 아이는 피해의식과 억울한 감정이 늘 바닥에 깔려 있지요.

만약 아이가 방어적인 반응을 많이 한다면 이제부터라도 아이의 부정적인 감정에 공감해 주세요. 아이의 방어적인 마음을 푸는 열쇠는 오직 부정적인 감정에 대한 공감뿐입니다. 자신의 감정을 존중받는 것만큼 존재 자체로 사랑받는 일도 없기 때문입니다.

'아이의 감정은 다 옳다!'

이 생각을 엄마 아빠가 믿게 된다면, 아이는 그런 인정을 받았다는 것만으로도 외부의 경계 침범에 잘 대응해 나갈 힘이 생깁니다. 상처 치유는 결국 자신의 몫이지만, 부모는 아이가 치유할 수 있는 내면의 힘을 키울 수 있게 아이를 배려해 주어야 합니다. 그것만으로도 부모로서의 삶은 참으로 가치 있는 일이 될 것입니다.

02

아이의 인성을 좌우하는 '부모와의 소통'

역질문의 지혜, 아이의 생각을 움직이게 한다

'나 보기가 역겨워 가실 때에는 말없이 고이 보내 드리우리다.'

김소월 시인이 쓴 〈진달래꽃〉의 첫머리입니다.

아이들 생각주머니 속에 얼마나 무한한 상상력과 경험이 가득 차 있는지 알아보는 방법은 의외로 간단합니다. 물음표를 던지는 것이지요.

문학 수업을 할 때만큼은 아이들에게 가르쳐주는 이론이 거의 없습니다. 문학은 감정이 중요하다는 것을 여러 번 강조한 뒤에, 그 감정이 무엇인지 질문을 던집니다. 감정을 알려면 그 사람이 처한 상황을 파악할 줄 알아야 하지요.

"얘들아, 이 시적 화자는 지금 어떤 상황일까?"

"헤어졌어요."

"사랑하던 사람이 역겹다고 떠난대요."

"그래, 이별에 관한 상황이야. 그렇지? 사랑하는 사람과 헤어지면 마음이 어떨까?"

"아프죠. 머리도 아프고 심장도 터질 것같이 아프고, 열도 나고 드러누워요."

문학 수업 시간에 흔히 오가는 수업용 대화들입니다.

질문으로 간단하게 시작하는 이런 발산적 사고의 수업 방식은 쏟아붓는 지식이 아니기 때문에 처음에는 배운 게 별로 없는 것처럼 느껴집니다. 그러나 익숙해지면 아이들이 스스로 생각하기 시작하지요. 그리고 많은 지식들이 자신들의 머릿속에서 나온다는 것을 알고는 굉장히 뿌듯해합니다.

아이들이 생각하고 말했던 수업은 절대로 잊어버리지 않습니다. 생각을 자신의 언어로 표현해 봤기 때문입니다. 게다가 친구들의 엉뚱한 대답에 수업 분위기는 화기애애해지고, 누구 하나 졸거나 지루해하는 녀석 없이 아이들이 수업의 주체가 되어 시간을 이끌어갑니다. 이런 수업은 아주 오래도록 그 진가를 발휘하지요.

아이들이 이미 갖고 있던 것들이 얼마나 많은지를 확인하면서, 교사의 역할을 최소화시켜 아이들의 능력만으로 멋진 수업이 될 수 있음을 경험으로 알게 되었습니다. 다각도로 접근할 수 있는 힘만 길러놓으면 아이들은 생소한 문학을 만나도 어렵게 느끼지 않는답니다. 단지 시간이 조금 오래 걸릴 뿐이지요.

학생들의 수업뿐만이 아닙니다. 아이들은 엄마에게 자주 질문을 던지는데, 어떤 질문은 엄마가 결정해 주기를 바라고 있습니다. 예를 들어 "엄마, 나 수학 시험 못 봤는데 어떻게 하면 좋을까?"와 같은 질문이지요(이 질문은 실제로 우리 아이가 초등학교 3학년 2학기 중간고사 때 수학 점수를 40점 받아 와서 했던 말입니다).

보통은 이 대목에서 엄마가 어떤 문제집이 좋을지, 어떤 학원이 좋을지 고민에 들어가지요. 어쩌면 문제집 고민을 하기도 전에 아이가 처한 문제를 엄마 문제로 가져와 화를 낼 수도 있습니다. 시험을 못 볼 수도 있는 건데 말이지요.

아이가 '질문'을 던지면 엄마는 본능적으로 그에 대한 '답'을 주려고 합니다. 그렇게 되면 아이는 자신의 문제에 대한 해답을 자꾸 엄마에게서 찾으려고 하지요. 엄마가 모든 '정답'을 알고 있는 것도 아닌데요. 역질문의 중요성이 여기에 있습니다.

"수학 점수가 40점이라 많이 속상하겠네. 어떻게 하면 좋을까? 이안이가 한번 생각해 볼래?"

엄마가 던진 질문에 아이는 십여 분을 방에서 고민하더니 스스로 답을 생각해 내서 말합니다.

"엄마, 수업시간에 잘 듣고 노트 정리를 더 잘해야겠어. 그러면 될 것 같아요."

　엄마 기준에 아이의 해결 방법이 부족하다 느낄 수도 있습니다. 아니, 사실 대부분의 엄마들이 그렇게 생각하겠지요. 그러나 아이는 스스로 방법을 찾아냈기 때문에 그 방법은 반드시 실천하려고 노력할 것입니다. 엄마가 이것저것 고민해서 제시했던 방법들의 무게와 아이 스스로 고민했던 무게는 차원이 다릅니다.

　부모가 해야 하는 역할이 있다면 아이 스스로 답을 찾을 수 있게끔 생각할 기회를 주는 것입니다. 이것을 '기다림'이라고 합니다. 또 '믿음'이라고도 표현하지요.

　부모들은 '기다림'과 '믿음'이 너무나 어렵다고 합니다. 어쩌면 아이에게 스스로 생각해서 결정할 기회를 빼앗음으로써 기다림이나 믿음을 더 어렵게 만들고 있는 것은 아닐까요.

　아이가 어릴 때 기다려주지 않으면, 아이가 조금 컸을 때는 기다리는 게 두 배, 세 배로 어려워집니다. 부모가 '답'이라고 생각하는 것을 알고 있다 하더라도 역질문을 하면서 만들어진 시간 안에서 아이는 생각할 기회를 가질 수 있습니다. 그런 다음에 엄마 생각을 알려주어도 늦지 않습니다. 이런 일상들이 모여서 아이는 주체적인 삶을 만들어나가겠지요.

　"엄마, 올챙이는 뭐 먹고 살아요?"

　"엄마, 귀뚜라미는 뭐 먹고 살아요?"

이안이와 수아가 집에 올챙이와 귀뚜라미 등 키우고 싶은 친구들을 데리고 올 때마다 꼭 물어보는 말이었습니다. 당장 뭘 좀 먹여야 하니까요. 이럴 때 엄마의 지식을 동원해서 말해 주기보다는 "음, 올챙이가 뭘 먹고 살까?"라고 되물어주기만 해도 아이는 책을 통해 스스로 원하는 답을 찾아냅니다.

아이가 습관처럼 엄마로부터 답을 구하려고 질문을 던질 때 금방 답해 주지 말고 역질문을 해서 아이의 생각을 움직이게 해주세요. 아이가 삶의 주인이 되는 것은 자신에 대해 스스로 생각할 때 가능합니다.

반면 답을 주는 것은 오히려 쉽습니다. 부모가 살아왔던 방식에서 어느 하나를 선택해서 던져주면 되니까요. 그러나 아이는 부모의 삶을 그대로 살아야 하는 존재가 아닙니다. 아이는 스스로 '삶'이라는 길고 아름다운 여정을 헤쳐가야 하는 고유한 존재입니다. 그 해답을 스스로 찾을 수 있도록 도와주는 방법, '역질문'에서부터 시작해 보는 것은 어떨까요. 작은 질문 하나만으로도 생활의 많은 부분이 엄마 주도에서 아이 주도로 바뀌기 시작할 것입니다.

무언가를 성취하기 위해서는 '절대적인 시간'이 필요합니다. 그것이 진정한 기다림이고 믿음이 아닐까요?

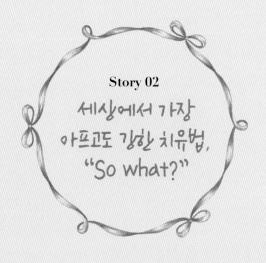

Story 02
세상에서 가장
아프고도 강한 치유법,
"So what?"

대한민국의 인문계 고등학교 아이들은 참 바쁩니다. 대학 입학과 직결되어 있는 '생활기록부'를 채우느라 정말 하루도 편하게 쉬는 날이 있을까 싶습니다. 특히 교내 대회 위주로 채워야 하는 생활기록부 때문에 아이들이 대회를 위해 준비하는 모습을 보면 필사적입니다. 그나마 야외 수업이나 시 자작해 보기, 교과 관련 영화 보기 등의 활동이 있는 국어 시간은 조금 편하게 생각하고 있는 정도지요.

고등학교 국어 교과서에는 김창옥 교수의 강연 내용이 실려 있습니다. 제목은 '내 인생의 장외 홈런(원제 : Are you OK?)'입니다. 내용을 요약하면 이렇습니다.

나를 둘러싸고 있는 환경에 대한 인식은 청소년 때 비로소 분명히 하게 되는데, 청소년들이 비록 좋지 않은 환경에 처해 있다고 해도 그 환경을 탓할 것이 아니라 인정해야만 극복할 수 있다. 상처와 열등감으로부터 자유로워지고, 진정으로 자신의 삶을 사랑하는 방법은 "So what?"이라고 외치는 것에서부터 시작된다. 그래, 우리 아버지는 청각장애인이다! 그래, 나 공고 나왔다! 그래, 나 삼수했어도 대학 떨어졌다! 그래서 뭐? 뭐? 뭐? 어쩌라고? 그 모든 것을 인정하고 당신의 타석에 당당히 서서 장외 홈런 한번 쳐라!

김창옥 교수는 강연 초반에 '청소년기가 되면 내 환경에 대한 인식을 제대로 하기 시작합니다.'라고 이야기하고 있는데, 나는 그 말의 의미를 너무나 잘 알고 있습니다. 중학교와 고등학교에서 상처투성이인 청소년들이 그 상처를 감당하기 힘들어서 어쩔 줄 몰라 하는 모습을 너무도 많이 봐왔으니까요.

심리서를 보면, 인간은 어린 시절에 부모가 준 상처를 자신에게 돌려서 죄책감을 갖는다고 합니다. 청소년 아이들 대부분이 그런 죄책감을 갖고 있습니다. 그러니까 부모에 대한 원망과 죄책감이 뒤엉켜 정말 어쩔 줄 모르는 상태가 되는 거지요.

아무도 그것을 아이 자신의 잘못이 아니라고 말해 주지 않으니다. 누구에게도 자신 안의 상처와 원망과 죄책감을 어떻게 다루어야 하는지 배우지 못하지요. 청소년 자살률 세계 1위인 우리나라의 현주소인 셈입니다.

교과 공부 이전에 상처 치유 교육 먼저 해야 하는 게 아닌가 생각해 봅니다. 가정이 해체되고, 부모가 폭력을 휘두르고, 부모에게 방치당하고, 부모와 조부모에게 조종당하는, 어른들이 만드는 아이들의 많은 상처를 어떻게 해야 할까요.

김창옥 교수의 강연 17분을 아이들과 함께 시청하고 나니, 분위기가 많이 가라앉았습니다. 나는 칠판에 이 텍스트의 주제인 "So what?"이라는 글자를 썼습니다. 이 강연자처럼, 우리도 우리의 환경에 대해서 외쳐보자고 했습니다. 자신의 환경을 인정하는 것은 진정한 용기라고도 말해 주었습니다. 또한 그 환경은 자신의 선택이 아니라고도 해주었지요. 이 모든 가면들을 벗어버리고 자신의 타석에 서고 싶은 사람이 있다면 나와서 외쳐보자고요.

서로를 쳐다보며 쭈뼛거리던 잠시의 분위기를 뚫고 한 아이가 교탁 앞에 나왔습니다. 그러고는 용기 있게 해보고 싶다고 말했습니다.

"제가 가장 힘들고 외로웠을 때 저는 가출을 했습니다. 돈도 없고 휴대폰 배터리도 2%밖에 없고 갈 곳도 없었는데, 그 밤에 생각난 곳이 엄마와 가끔 같이 갔던 절이었습니다. 기도실에서 밤을 새우고 아침에 휴대폰을 충전해 봤는데, 아무도 저에게 문자나 전화를 하지 않았습니다. 엄마까지도 제가 집에서 나간 사실조차 알지 못했습니다."

여기까지 말하고 아이는 울었습니다. 반 아이들 모두 따라 울었고 저도 울었습니다. 우리는 한동안 함께 울었습니다. 아이들의 그 울음 안에는 자신도 있고 친구도 있었을 겁니다. 그 마음이 너무나 공감되어 터진 울음일 겁니다.

그날은 그렇게 시원한 바람처럼 지나고 며칠이 지났습니다. 야간 자율학습을 조퇴하고 싶다며 처진 어깨를 보인 한 아이와 운동장 가로등 밑에서 긴 시간 동안 이야기를 나누게 되었습니다. 선생님 앞에서라도 "So what?"을 해보고 싶다고 했습니다. 이중인격적이라는 아빠의 이야기로 시작해서 파고 파도 또 나오는 어릴 적 상처들, 지금까지 이어지는 아픔들, 고통들에 관한 이야기였습니다. 많은 말들을 쏟아낸 아이는 울었습니다.

내가 할 수 있는 거라고는 어깨를 토닥여주는 일, 같이 눈물을 흘려주는 일, 그럴 때 얼마나 속상하고 아프고 힘들었을지 알아주는 일밖에 없었습니다. 아픔을 공유하며 함께했던 우리들의 드라마가 감격스러워서 울고, 대견해서 울고, 마음이 아파서 울었습니다. 그리고 함께 울었던 그 울음 속에서 사실을 하나 깨달았습니다.

함께 울어줄 단 한 사람만 있어도 치유는 된다.

내 말을 들어줄 단 한 사람만 있어도 용기는 생긴다.

내 등을 두드려줄 단 한 사람만 있어도 죽지는 않는다.

상처란 놈은 참 특이하지요. 감추려고 하면 곪아서 정신과 몸을 같이 썩게 만들지만, 용기를 내어 꺼내놓으면 눈앞에서 '스르륵!' 하고 사라집니다. 꺼내놓고 나면 정말 '별것도 아닌 놈'이 되지요. 그 '별것도 아닌 놈'에게 그동안 지배당하고 살았던 내 삶을 끌어안고 슬퍼해 주고 통곡해 주고 같이 아파해 주고 나면, 자신이 본래 갖고 태어난 모습 그대로 타석에 당당히 서서 장외 홈런을 칠 준비를 할 수 있습니다.

아파하는 아이들에게 다시 말해 주고 싶습니다.

네가 가진 환경은 너의 잘못이 아니야. 네가 선택할 수 있었던 게

아니야. 마음껏 아파해도 돼. 숨기지 않아도 돼. 참지 않아도 돼.

내 아이의 아픈 청소년기, 이야기를 들어줄 단 한 사람이 있다면, 그 사람은 바로 부모, 엄마라면 좋겠습니다. 나 역시 아이에게만큼은 믿어주는 한 사람, 함께 울어주는 한 사람이 되고 싶습니다.

Story 03

아이를 두려움으로
키우지 말고
사랑으로 키워라

아이가 아장아장 걷기 시작할 무렵, 내가 가장 허용하기 힘들었던 것은 비 오는 날에 물웅덩이에서 비를 맞아가며 첨벙첨벙 노는 것이었습니다. 내 상식으로는 그렇게 놀면 분명히 감기에 걸리기 때문이지요. 나중에 안 사실이지만, 내면이 건강한 아이들은 면역력이 높아서 잘 아프지도 않더군요.

그렇게 노는 아이의 표정이 세상을 다 가진 것처럼 행복해 보였습니다. 그 모습을 보면서 온몸이 전율했던 기억이 아직도 생생합니다.

그 후에는 아이를 보는 눈이 달라졌지요. 세상을 경험하는 일은 어쩌면 내가 생각하는 것보다 더 신나는 일이 될 수 있겠구나 싶었습니다. 안전에 대한 두려움, 건강에 대한 두려움이 아이를 키우는 데 장애물이 되고 있다는 생각이 들었지요.

그 순간 들어온, 푸름 아빠 육아 강연에서의 명언은 지금도 내 마음속에 콕 박혀 있습니다.

"아이를 두려움으로 키우지 말고 사랑으로 키우세요!"

이 한 문장은 육아관을 통째로 바꾸어놓는 결정적인 계기가 되었습니다. 우리 부모님이 얼마나 세상의 큰 두려움으로 나를 키웠는지 몸으로 확인하는 순간이기도 했습니다.

이 두려움을 내 안에서 모두 빼내기 위해 나는 내가 해보지 못했던 것들을 아이에게 경험시키는 큰 도전을 했습니다. '두려움'이라는 것은 실체가 보이지 않아 우리의 생각을 지배하고 무의식 속에 함께하기 때문에 0.1초의 찰나에서도 튀어나오곤 합니다. 그래서 아이에게 새로운 도전을 허용하는 것은 큰 용기를 필요로 했습니다.

그때부터 나는 두 아이를 안고 계절을 경험으로 만나는 새로운 여정을 시작했습니다. 봄을 느끼려면 겨울의 움츠림을 걷어내고 반드시 문 밖으로 나가야 하니까요.

봄을 느낄 수 있는 것은 바람과 봄비와 꽃과 연둣빛 풍경들입니다. 오감을 자극하는 봄의 향연들을 직접 경험하지 않고는 '봄을 안다.'라고 결코 말할 수 없지요. 꽃을 찾아 들로 산으로 다녔던 기억들, 작은 텃밭을 빌려 상추며 옥수수며 토마토를 직접 심었던 기억들, 그 안에서 만난 작은 달팽이들을 집으로 데리고 와 알을 낳을 때까지 함께 살았던 기억들, 봄나물 캐러 다녔던 기억들, 봄비 맞으며 산책했던 기억들, 꽃잎 떨어지는 넝쿨 가로수에서 마음껏 하늘을 바라보았던 기억들까지, 아이들의 큰 눈망울과 가슴 안에 그때의 기억들이 고스란히 살아 있음을 압니다.

여름이 오기 전에는 '장마'와 관련된 동화책을 아이들과 함께 읽었습니다. 주로 비와 관련된 동화책에는 우산이나 물 웅덩이, 개구리, 장화 등이 꼭 등장합니다. 비닐우산을 구입해 이름 쓰며 꾸며보기, 장화를 미리 구입해 집에서 신어보기로 여름철의 장마를 기다렸습니다.

큰아이가 다섯 살이 지나면서는 수영을 배우러 다니며 더운 여름을 물과 함께 보내기도 했습니다. 그렇게 열두 번의 여름을 보내는 동안, 우리에게 여름은 더워서 짜증나는 계절이 아니라, 물과 함께 재미난 추억을 쌓을 수 있는 계절이 되었답니다.

가을에는 산의 색깔이 변해가는 풍경을 매주 사진으로 남기며 자연의 신비함에 감탄했습니다. 커다란 나뭇잎을 주워 잘 말려서 그 위에 하얀 펜으로 편지를 쓰기도 했고, 그림을 그려 좋아하는 가족에게 전하기도 했습니다.

그뿐인가요, 나뭇잎을 책갈피로 만드는 과정도 아이와 함께 즐겼고, 가장 아끼는 책에 끼워 넣기도 했습니다. 가을 낙엽이 쌓이는 소리, 가을 석양, 고즈넉한 시골 마을의 굴뚝 연기 풍경까지, 문 밖의 가을을 느끼기 위해 기회를 만들었던 기억이 있습니다. 특히, 해마다 고구마를 캐면서 맡았던 흙냄새와 땀냄새는 아이에게 유독 강하게 남아 있는 좋은 기억이지요.

겨울이 오기 전에는 눈과 관련된 동화책을 많이 읽었습니다. 아이들이 어릴 때 눈사람 만들기를 좋아해서 눈사람을 만들어 매해 다른 이름을 지어주는 것이 우리 집의 전통이 되었습니다. 그동안 자란 마음의 키만큼 이름을 붙이는 실력도 남다르게 자라갔습니다. 눈밭에서 구르며 온몸으로 눈을 느껴보는 일, 추운 계절에 해야 제격인 군고구마 캠핑, 몸을 써서 추위를 이겨내는 겨울 등산, 겨울 겨울 겨울…….

아이를 두려움으로 키우면 자연을 경계하고 방어합니다. 하지만 아이를 사랑으로 키우면 자연과 함께 아이를 성장시키고 길러내고 사랑하게 되지요. 나를 가두고 있던 두려움을 풀어내는 일, 치유가 어려워 엄두가 나지 않는다면 곁에 풍경처럼 늘 있는 계절과 악수해 보세요. 두려움이 걷히고 그 자리에 어느새 사랑이 자리하고 있을 것입니다.

Story 04
경계는 '넓게',
잘못했을 때는
'단호하게'!

아이가 유치원이나 놀이터에서 다른 친구를 밀거나 물거나 때렸을 때 의외로 많은 엄마들이 이 상황을 능숙하게 대처하지 못합니다. 아이를 배려 깊은 사랑으로 키워야 한다고 생각하지만, 배려 깊은 사랑으로 감쌀 수 없는 상황이 벌어지면 엄마의 기준이 모호하기 때문에 우왕좌왕하게 되지요.

안 되는 것은 확실하게 알려줄 필요가 있다고 생각한 엄마는 아이에게 똑같이 때리는 행동을 함으로써 '얼마나 아픈지 너도 맞아봐.'라는 식으로 교육을 시키기도 합니다.

힘(권위)에는 두 가지 종류가 있습니다. 하나는 권력과 폭력적인 힘이고, 다른 하나는 전문성, 영향력, 존경심의 힘입니다. 이 두 가지는 '힘'이라는 같은 이름을 사용하고 있으나 전혀 다른 얼굴을 하고 있습니다. 우리는 부모로서 두 번째 힘을 가질 수 있도록 노력해야 하고요.

아이의 어떤 행동에 대해서는 단호함을 보여주어 제대로 가르쳐 주어야 합니다. 어떤 행동이든 다 받아주고 허용해 주는 것이 배려 깊은 사랑은 아니니까요. 아이들은 경계를 모를 때, 마음대로 하라고 할 때 오히려 큰 불안을 느낍니다.

많은 육아서에 '단호함'이 나오는데, 단호함을 화내는 것으로 착각하면 아이에게는 큰 상처가 됩니다. 단호함이란 '엄마의 짜증이나 화를 빼고 분명한 메시지를 주는 것'입니다.

아이가 다른 아이를 때렸다는 것은 욕구 갈등이 생겼다는 걸 의미합니다. 놀이터에 있는 그네를 먼저 타고 싶어 한다거나, 유치원에 있는 장난감을 먼저 갖고 놀고 싶어 한다거나 하는 등의 욕구 갈등이 있을 때, 아이들은 말로 소통하는 것이 미숙하므로 때리는 행동으로 의사를 표현하는 것이지요.

그런데 욕구 갈등이 있다는 것은 욕구불만이 생겨 감정이 홍수 상태에 있다는 것입니다. 그럴 때는 먼저 공감을 해주어야 훈육이 아이의 마음밭에 잘 들어갈 수 있습니다. "네가 그네를 너무 타고 싶었구나." 하면서 아이의 속마음에 공감해 주는 것이지요. 아이를 공감하는 것은 아이에게도 좋지만 엄마에게도 좋은 일입니다. 아이에게 공감을 함으로써 엄마의 화가 누그러지게 되거든요.

아이에게 공감해 주고 나서는 친구를 때리는 행동에 대해 단호한 메시지를 주어야 합니다. "그렇지만 다른 사람을 때리는 행동은 절대로 안 돼." 하면서 아이의 눈을 바라보며 이야기해 주어야 하는 것이지요.

화를 뺀 엄마의 얼굴 표정, 짜증이 없는 엄마의 단호한 눈빛이 아이에게 분명한 경계를 알려줄 때 아이는 다른 사람을 때리면 안 된다는 것을 배우게 됩니다. 단호함을 잘못 해석해서 무섭게 아이를 다그치거나 금방이라도 폭력을 행사할 것처럼 분위기를 조성하면 아이에게는 단호함이 아니라 폭력의 상처로 남게 됩니다.

메라비언의 법칙에 따르면, 상대에게 메시지를 줄 때 언어 자체는 겨우 7퍼센트 정도의 영향만 준다고 합니다. 몸짓, 표정, 눈빛

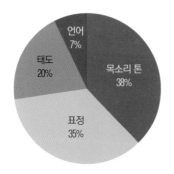

메라비언의 법칙

한 사람이 상대방으로
부터 받는 이미지
목소리 톤 38%
표정 35%
태도 20%
언어 7%

등의 비언어적인 표현이 무려 55퍼센트를 차지하고, 목소리, 어조 등 반언어적인 표현은 38퍼센트의 비중을 차지한답니다.

　여기서 우리는 엄마의 표정과 눈빛, 말투가 얼마나 중요한 작용을 하는지 알 수 있습니다. 눈빛과 표정은 괜찮지 않은데, 말로는 괜찮다고 하는 메시지를 '이중 메시지'라고 합니다. 이 경우 아이는 말보다는 표정과 눈빛으로 보내는 엄마의 메시지를 더 강하게 받습니다. 이러지도 저러지도 못하게 구속하는 일이 반복되면 소통은 끊어지고 관계는 깨지게 됩니다.

　아이가 다른 사람에게 피해를 주는 행동이나 생명에 지장을 주는 행동을 할 때는 단호하게 말해 주세요. 주저함이 있는 엄마의 무의식 속에는 남에게 좋은 엄마로 보이고 싶은 숨겨진 욕구가 있거나, 아이에게 단호하게 말하면 상처받지 않을까 하는 두려움이 있는 것입니다. 아이에게 거부당할지도 모른다는 두려움이지요.

　건강한 자아를 가진 엄마는 경계가 넓으면서도 단호함을 지니고 있습니다. 이 둘이 맞물려 육아가 이루어질 때, 아이는 열등감이나 피해의식 없이 건강한 자아로 자랄 수 있습니다.

　평소에 아이의 감정에 잘 공감해 주었고, 아이의 눈빛을 보면서 관찰이 관심으로 발전하는 진정한 소통이 이루어지고 있었나요? 그렇다면 아이에게 엄마의 단호함은 벌이나 거부가 아닌, 진정한 사랑으로 자리잡게 된답니다.

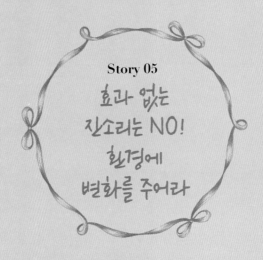

Story 05

효과 없는
잔소리는 NO!
환경에
변화를 주어라

"안 돼! 만지지 마!"

"신발 좀 제대로 벗어놔!"

"양말을 벗으면 빨래통에 넣으라고 했지!"

"이제 너도 컸으니 용돈 관리 좀 하렴."

"양치질을 누가 그렇게 빨리 하니? 적어도 2분은 해야지!"

"너는 어떻게 된 애가 만날 텔레비전만 끌어안고 사냐?"

"뛰지 마! 아래층 시끄러워!"

아이 키우는 집에서 흔하게 들을 수 있는 엄마표 잔소리들입니

다. 내 안에 이렇게 많은 잔소리가 있었나 싶을 정도로 엄마들은

아이에게 잔소리를 많이 합니다.

아이에게 잔소리를 하기 시작하면 육아가 무거워집니다. 잔소리를 해야 아이가 말을 들을 거라고 생각하지만, 사실 잔소리를 해도 그다지 말을 잘 듣지는 않습니다. 잔소리의 강도는 점점 더 세지고, 결국 잔소리는 아이와의 관계만 나쁘게 할 뿐입니다.

엄마 입장에서 보면 잔소리는 '다 너 잘되라고 하는' 사랑이라고 생각할지 몰라도, 아이 입장에서는 정말 벗어나고 싶은 '독'입니다. 아이가 자라서 청소년기가 되면 집에서 벗어나고 싶은 이유 1순위가 부모의 잔소리 때문이라고 할 정도니까요. 아이에게 잔소리는 위협과 비난, 그 이상도 이하도 아닙니다.

그렇다면 잔소리를 하지 않고도 아이와 평화적으로 화합하고, 또 '문제'라고 생각되는 일들도 잘 해결하면서 좋은 관계를 유지할 수 있는 방법은 없을까요?

가장 좋은 방법은 바로 '환경 바꾸기'입니다. "안 돼! 만지지 마!" 하는 것을 애초에 치우면 되는 겁니다. 비싼 화분, 깨질 만한 물건들, 특히 진열장의 전시용 물품들은 치우고, 그 안에 장난감이나 동화책으로 채워보세요. 아이와 '더불어' 잘살기 위해서는 아이에게 편안한 환경을 주어야 합니다.

"신발 좀 제대로 벗어놔!"라고 매번 잔소리하면 아이의 뇌는 그 행동 자체에 무감각해집니다. 언뜻 생각하기에는 혼내면 말을 들을 것 같지만, 두뇌는 너무도 신비로워서 감동이 있을 때, 호기심이 생길 때, 흥미를 느낄 때 이외에는 스스로 작동하지 않습니다. 혼낼 때 말을 잠깐 듣는 것은 더 혼날까 봐 생기는 두려움으로 뇌가 억지로 작동하는 것이지요.

그렇다면 이렇게 하는 것은 어떨까요? 아이가 신발을 마구 벗어 던지면 잔소리나 혼내는 것 대신 신발을 벗어두는 현관 바닥에 가족 신발 크기대로 색지를 오려서 잘 붙여두는 거예요. 그러면 아이나 어른이나 호기심에 자기 신발을 제 자리에 벗어두게 된답니다.

"양말을 벗으면 빨래통에 넣으라고 했지!"도 비슷한 잔소리입니다. 성격이 털털한 아이들에게 이런 잔소리는 얼마나 소용이 없는지요! 엄마는 혼내도 안 되면 소리를 크게 지르고, 그래도 안 되면 등짝을 한 대 때리기도 합니다. 엄마 입장에서는 엄마 말을 무시한다고 생각하고 방어하는 행동이지만, 아이 입장에서는 엄연한 폭력이 되지요. 이럴 때는 '양'과 '말'의 사진을 출력해서 코팅한 뒤 농구 골대 바구니 위에 잘 보이게 붙여둡니다. 그러면 아이들은 바구니에 넣지 말라고 해도 기어이 "슛! 골인~~"을 외치면서 넣을 것입니다.

"이제 너도 컸으니 용돈 관리 좀 하렴." 하는 말도 위의 잔소리와 마찬가지입니다. 아무리 이야기해도 소용없다는 의미이지요. 아이들은 지시가 필요한 것이 아니라, 구체적인 방법이 필요하기 때문입니다. 이럴 때는 아이에게 용돈기입장을 선물해 주면서 "용돈을 사용할 때마다 기록하고, 그 기록이 마지막 날 봤을 때 딱 맞으면 다음 달 용돈은 보너스가 있단다."라고 동기부여만 해주어도 된답니다.

"양치질을 누가 그렇게 빨리 하니? 적어도 2분은 해야지!"라는 말도 아이 입장에서는 듣기 싫은 잔소리일 뿐이에요. 양치질하는 것만으로도 칭찬받고 싶은데 제대로 못한다고 비난받는 것 같아서 양치질하기도 싫어지지요. 이럴 때는 2분짜리 모래시계를 선물하는 엄마의 센스를 발휘해 보세요. 아이들에게는 호기심과 흥미만이 긍정의 욕구를 불러일으키니까요.

부모는 무심히 아이에게 이런 말도 자주 합니다.

"너는 어떻게 된 애가 만날 텔레비전만 끌어안고 사냐?"

아이는 학교에 다녀와서 쉬고 싶은 마음에 텔레비전을 봤을 뿐인데, 엄마의 말에 쉬는 것도 눈치 봐야 하는 상황입니다. 이럴 경우에는 텔레비전을 보는 아이를 탓할 것이 아니라, 텔레비전을 준비해 놓은 부모 자신을 돌아봐야 합니다. 준비는 부모가 해놓고 적당히 조절하라고 하는 것은 아이에게 고문일 수도 있으니까요.

이럴 때는 아이와 소통해서 텔레비전 환경을 다른 환경으로 바꿀 수 있는 아이디어를 내보세요. 놀이 공간으로 만들어도 좋고, 도서관처럼 꾸며놓아도 좋을 것입니다. 텔레비전을 끊지 못하는 것은 아이가 아니라 부모일 가능성이 더 높답니다.

"뛰지 마! 아래층 시끄러워!"라고 말하기보다는 거실에 두툼한 매트를 깔거나, 1층집으로 옮기거나, 놀이터를 자주 이용해서 아이가 에너지를 발산할 수 있는 환경을 만들어주는 것이 좋습니다. 아이들의 에너지는 가두어두면 썩게 마련입니다. 에너지를 잘 발산하여 정신 근육, 내면 근육, 신체 근육이 골고루 발달하게끔 도와주는 것이 부모의 역할이랍니다.

환경에 변화를 주는 것만으로도 아이에게 잔소리하지 않고 마음을 움직여 행동으로까지 이어지게 할 수 있습니다. 환경을 바꾸는 작은 센스! 육아가 유난히 무겁게 느껴지는 날, 육아 환경을 돌아보고, 어느 지점에서 자꾸 잔소리가 나오는지 곰곰이 생각해 보면 어떨까요? 센스를 발휘하여 그 지점에서 '환경 바꾸기'를 한다면 무겁게만 느껴지던 육아가 가벼워지고, 짓눌려 있던 부모로서의 의무감도 조금 내려앉는 경험을 하게 될 것입니다.

Story 06

아이가 원하는
사랑 표현법이
정답이다

어릴 적에 내가 가장 싫었던 때는 아침에 일어나는 순간이었습니다. 학기 중이든 방학 때든 일어나서 밥 먹으라며 아버지는 늘 내 방에 들어와 이불을 확 젖혔기 때문입니다. 그냥 일어나라고 말씀만 하셔도 될 것을, 왜 잘 덮고 있던 이불은 홀랑 들추어내는지 이해할 수 없었지요. 아침마다 기분이 상하곤 했습니다.

그런데 되돌아 생각해 보면, 아버지보다 내 자신이 더 이해할 수 없습니다. 그렇게 하지 말라고, 말로 해도 일어날 수 있다고, 아버지에게 왜 한번도 말하지 않았을까요. 아버지의 일방적인 행동, 일방적인 메시지, 일방적인 표현 방법에 눈치 보느라 내 쪽에서 흘려보내는 메시지는 마음속에서만 맴돌다 어느새 무의식 저편으로 흘어지곤 했나 봅니다. 그때의 느낌은 '아버지의 횡포'라는 생각뿐이었지요.

이제 초등학교 고학년이 된 두 아이를 깨우다가, 나도 모르게 내가 아이들의 이불을 젖히고 있다는 것을 알아차렸습니다. 엄마 마음으로는 정신을 차리라는 의미였지요. 부모가 되고 나니 소름끼치도록 자연스럽게 닮아 있는 내 부모의 모습. 아마 아버지도 이런 마음이었겠구나 싶더라고요.

아이는 5분만 더 자고 싶다면서 짜증 섞인 말로 이불을 다시 끌어당기는데, 어느 날 갑자기 나의 모습에서 아버지의 모습을 발견하고는 깜짝 놀랐습니다. 나 역시 아버지처럼 말은 따뜻하게 했지만, 아이가 원하지 않는 행동으로 횡포를 부리고 있었던 겁니다.

그래서 그날 저녁에 아이들과 대화를 나누었습니다.

"이안아, 수아야, 엄마가 아침에 깨울 때 어떻게 해주면 기분 좋게 일어날 수 있을까?"

"엄마, 나는 등을 긁어줘."

"엄마, 나는 '우리 수아 이제 일어나야지.' 하면서 엄마가 내 옆에 조금만 같이 누워 있어줘."

아이마다 원하는 방식이 다르다는 것을 머리로는 잘 알고 있습니다. 하지만 현실 속에서는 속속들이 깨닫기가 왜 이리 어려운 것인지요. 물어보면 될 것을, 물어봐주면 이렇게 간단한 것을 말이에요.

"엄마가 그렇게 깨워주면 좋겠구나. 알았어, 엄마가 그렇게 깨울 때 기분 좋게 일어날 거란 말이지?"

이 말을 덧붙여 했더니, 정말로 말 그대로 '기분 좋게' 일어나는 겁니다. 그 이후로는 학교 가는 아침이 아주 편안해졌습니다. 온 집 안이 웃음으로 더 많이 채워진 것은 물론이고요. '빨리'라는 잔소리를 하지 않아도 첫 단추를 잘 끼우면 나머지 일들은 순조롭게 흘러갑니다.

어느 날 숲 치유 전문가에게, 뒷목 밑, 그러니까 등의 양 날개 부분이 기운이 들고 나는 곳이라는 이야기를 듣게 되었습니다. 사람이 놀라면 이 부분이 가장 뻐근해지고 이곳으로 기가 빠져나간다는 이야기였지요. 그럴 때는 이 부분을 살살 토닥이거나 문지르기만 해도 쉽게 기를 회복할 수 있다는 말을 듣고 집에 돌아와 아이들과 남편에게 당장 시도해 보았습니다. 남편의 등 윗부분을 가볍게 문질러주니, 기분이 좋고 편안해진다는 것이었습니다. 절망에 빠져 있을 때 사람들이 왜 등을 토닥여주는지 알게 되었습니다.

아침에 아이들을 깨울 때 등을 살살 문질러주니 기분 좋고 편안해하는 모습을 보면서, 사랑 표현에 대한 몇 가지 사실을 깨닫게 되었습니다.

1 사랑은 내가 주고 싶은 사랑을 주는 게 아니라, 상대방이 받고 싶은 사랑을 주는 것이다.

2 그것을 알기 위해서는 솔직하게 물어보고 소통해야 한다.

3 사랑 표현 중 어떤 것이 좋다는 정보를 얻었다면 실천해야 내 것이 된다.

4 알면서도 행하지 않는 의식은 모르는 것보다 더 낮은 의식일 수 있다.

5 물어볼 때 듣지만 말고 자신의 생각도 이야기해야 진정한 사랑의 흐름을 만들 수 있다.

6 사랑의 소통은 결코 일방적으로 할 수 없다.

7 진정한 사랑 표현은 상대의 아침을 기분 좋게 열어주는 것이다.

8 사랑은 수평 관계다. 사랑 표현을 했는데 상대에게 받아들여지지 않아 기분이 안 좋다면 내 사랑에 조건이 걸려 있다는 증거다.

9 살면서 얻은 사랑의 방식이 좋지 않을 수도 있다는 것을 인정해야 한다.

10 사랑 표현은 창조해야 한다.

부모가 나에게 했던 사랑의 방식을 답습하지 말고 내가 받고 싶었던 사랑이 무엇인지 생각해 보아야 합니다. 즉 내가 받았던 사랑이 아니라, 내가 받고 싶은 사랑을 생각해 보라는 것입니다. 이것이 아이에게 주는 사랑의 시작이라는 의미이지요.

그런 다음에는 어떻게 '소통'할지 생각하는 겁니다. 즉 아이에게 받고 싶은 사랑이 어떤 것인지 물어보는 거예요. 아마 아이들의 마

음은 대부분 비슷할 것입니다. 내가 어릴 적에 받고 싶었던 그 사
랑을 아이도 원할 테니까요. 이것이 사랑의 본질입니다. 어린아이
가 원하는 사랑이지요.

  우리는 사랑을 하기 위해 태어났습니다. 아이에게는 '사랑해야
지'라는 의식이 없어도 그냥 사랑이 나옵니다. 본성이 살아 있기
때문이지요. 이제는 부모가 돌려주어야 할 차례입니다. '사랑해야
지'라고 의식하지 않아도 사랑의 본질을 깨달으면 사랑은 저절로
흐르게 될 것입니다.

Story 07

배려와 소통 속에서
존중받는 아이,
존경받는 부모

아이가 놀이터에 가자고 합니다. 엄마는 쉬고 싶지만 아이가 졸라대니 할 수 없이 나갑니다. 이왕 가는 거, 아이와 기분 좋게 놀고 오겠다는 생각을 합니다.

놀이터에 나간 아이는 무슨 에너지가 그렇게 많은지, 날이 저물어도 집에 들어갈 생각을 안 합니다. 엄마는 슬슬 짜증이 납니다. 갑자기 잔뜩 쌓아놓은 집안일도 생각나고 배도 고파옵니다.

"이안아, 이제 저녁 됐으니 그만 놀고 집에 가자."

"싫어, 조금만 더 놀래!"

처음에는 좋은 말로 아이를 설득하지만, 나중에는 혼자 두고 들어간다고 협박을 하거나, 다시는 안 나온다고 버럭 화를 내거나, 엄마 힘드니까 좀 들어가자고 호소를 합니다. 엄마의 호소에도 끄떡없는 아이를 보며 엄마는 슬슬 지쳐가지요. 그래서 결국 아이를 울리면서 서로 기분이 상한 채 반 강제로 집에 들어오게 됩니다.

엄마는 그날 밤 생각에 잠깁니다. 그런데 두 가지 상반되는 마음이 엄마의 마음속을 가득 채우고 있지요.

'그래, 애들은 나가서 놀고 싶은 건데, 좀 더 참고 기다릴 걸 그랬나. 그래야 좋은 엄마인데.'

'엄마도 힘들다고. 만날 네 뒤치다꺼리 하느라 쉬지도 못한다고. 너는 어떻게 그렇게 에너지가 넘치는 거니. 왜 배려를 해줘도 끝이 없어?'

엄마의 욕구는 쉬고 싶고, 아이의 욕구는 놀고 싶습니다. 서로 다른 욕구 사이에서 엄마는 끊임없이 고민하고 갈등합니다. '좋은 엄마'와 '그냥 나' 사이에서 갈팡질팡하게 되니 기운만 빠지지요.

육아서를 보면 참으라고 하는 것 같고, 아이의 눈빛을 쫓아가면서 엄마 자신을 희생하라고 하는 것만 같아서 잘 참고 실천도 해보지만 그것도 잠시뿐, 왠지 모르게 마음만 더 힘듭니다.

엄마가 기준을 넓혀도 엄마 자신의 한계선은 있게 마련입니다. 아이를 잘 키우고 싶고, 좋은 엄마가 되고 싶은 건 진짜 속마음이지만, 말처럼 쉽지 않을 때는 아이도 좋고 엄마도 좋은 방법을 함께 찾아보면 됩니다. 우리는 그것을 '윈윈 방법'이라고 하지요.

"이안아, 이제 깜깜한 저녁이 됐으니 우리 집에 들어갈까?"

"싫어! 나 더 놀 거야!"

"우리 이안이가 지금은 더 놀고 싶구나." (공감)

"응! 더 놀 거야."

"엄마는 이제 집에 가서 쉬고 싶고, 우리 이안이는 놀이터에서 더 놀고 싶은 거구나." (두 사람의 욕구를 명확하게 말하기)

"그럼 우리 어떻게 하면 좋을까?" (아이 스스로 생각해 보게 하기)

"더 놀아."

"엄마도 좋고 이안이도 좋은 방법이 뭐가 있을까?" (서로의 욕구가 모두 중요함을 다시 자연스럽게 강조하기)

"엄마는 5분을 더 기다려줄 수 있는데, 5분 놀까, 7분 놀까, 10분 놀까?" (분위기를 가볍게 전환하면서 아이에게 선택권을 주기)

"음…… 10분 놀아."

"그래, 그러면 우리 10분 더 놀고 들어가자. 엄마가 9분 됐을 때 다시 알려줄게."

아이가 성장하면서 이 방법은 점점 쉬워집니다. 어린아이가 떼를 많이 부린다면 화내지 말고 엄마의 한계를 아이에게 분명히 전달하면서 소통해 왔는지를 점검해 봐야 합니다. 엄마가 무조건 허용만 해주다가 나중에 한계를 넘어서 강제성을 띠거나 버럭 화를 내지는 않았는지 점검해 보는 거지요.

이 세상에 어떤 아이도 엄마를 일부러 괴롭히려고 작정한 아이는 없습니다. 그저 아이는 세상을 탐색하고 싶은 욕구가 강할 뿐입니다. 엄마와 아이의 윈윈 방법 사례 두 가지를 소개해 볼까요?

첫 번째 사례입니다. 초등학생인 아이가 이번 주말에 친구 집에서 자고 싶다고 합니다. 마침, 그 주말에 친구의 부모님들이 여행을 떠나십니다. 그런데 엄마는 어른들이 없는 친구 집에서 아이들끼리 밤을 보내는 것이 불안해서 허락하지 않습니다. 이럴 경우 서로 원하는 것이 부딪치게 되지요.

윈윈 방법은 둘 중 하나가 져주는 것이 아닙니다. '너도 좋고 나도 좋은' 방법을 함께 찾아가는 존중의 방법이지요.

"엄마는 어른이 있을 때 네가 친구와 자면 좋겠고, 너는 이번 주말에 꼭 친구랑 자고 싶고, 그럼 우리 둘 모두에게 좋은 방법을 찾아보자."

엄마와 아이는 많은 아이디어를 나눈 끝에 서로 원하는 것을 충족시킬 수 있는 방법을 찾아냈습니다. 친구가 우리 집에 와서 함께 자는 것이지요. 엄마와 아이는 기분 좋게 서로의 욕구를 만족시킬 수 있었습니다.

두 번째 사례입니다. 여덟 살, 여섯 살인 아이들이 있습니다. 집에는 비싼 장난감 하나가 있는데, 형이 가지고 놀려고 하면 꼭 동생이 갖고 놀겠다고 달려들어 싸움이 벌어졌습니다.

그래서 엄마가 형도 좋고 동생도 좋은 방법을 찾아보라고 했지요. 두 아이는 여러 가지 아이디어를 나눈 끝에, 하루는 동생이, 하루는 형이 그 장난감을 갖고 놀기로 했답니다. 그리고 둘이 생각해 낸 이 윈윈 방법을 종이에 써서 벽에 붙여놓았지요.

형이 갖고 놀기로 한 어느 날, 동생이 그 장난감을 빼앗으려 하다가 멈칫하더니 벽에 붙여두었던 윈윈 방법을 쓴 종이를 쳐다보고 이렇게 말했다고 합니다.

"형아, 내일은 꼭 그거 나한테 줘야 돼!"

기준을 아무리 넓혀도 누구에게나 한계가 있게 마련입니다. '좋은 엄마'란 자신의 한계를 뛰어넘어가면서 참는 것이 아니라, 자신의 한계를 스스로 인정하고 아이와의 욕구 갈등을 지혜롭게 해결해 나가는 엄마가 아닐까요. 부모는 아이가 세상을 잘 살아갈 수 있도록 돕는 조력자일 뿐, 모든 것을 다 해주는 전능자가 아닙니다.

타인을 배려한다고 나 자신을 버린다면 희생이 됩니다. 서로의 배려와 소통 속에서 존중받는 아이, 존경받는 부모로 바로 선다면 육아가 좀 더 가볍고 편안해질 것입니다.

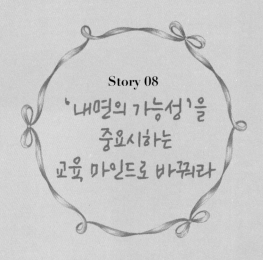

Story 08

'내면의 가능성'을
중요시하는
교육 마인드로 바꿔라

가끔 수업시간에 아이들에게 그림을 그려가며 설명하곤 하는데, 칠판에 그림을 그릴 때면 아이들이 긴장하기 시작합니다. 내 그림 솜씨가 형편없기 때문이지요. 아이들은 하나같이 황당하다는 표정들이지만, 나는 떳떳하게 말합니다.

"이야~ 이거 선생님이 그렸지만 너무 감동스럽다. 이거 절~대 지우지 마. 백 년에 한 번 나올까 말까 한 걸작이다."

아무리 못 그린 그림이라 해도 자기 자신이 멋지다고 말하고 바라보면, 나름대로 개성 있어 보이는 게 바로 그림이고 미술이 아닐까요.

얼마 전, 이우환 화가의 '점 하나 찍은 그림'이 17억 원에 낙찰되었다는 기사를 우연히 본 적이 있습니다. 그림을 볼 줄 모르는 일반인들은 "저게 뭐야? 저건 나도 그릴 수 있겠다!"라고 하면서 하나같이 어이없는 반응을 보였다고 합니다. 하지만 세계적으로 그림에 일가견이 있는 애호가들은 망설이지 않고 아주 비싼 돈을 투자해서 그 그림을 얻었답니다.

내가 찍은 점 하나와 이우환 화가가 찍은 점 하나는 과연 무엇이 다를까? 그런 고민을 하다가 갑자기 놀라운 사실 하나를 알게 되었습니다. 이우환 작가는 '이 점 하나를 찍기 위해서 두 달이라는 시간이 걸렸다.'는 것이지요.

아이들에게도 그들만의 세계를 마음껏 표현할 수 있는 '처음'의 환경이 매우 중요합니다. 나는 그림은 잘 그리지 못하지만, 그림에 대한 막연한 동경이 있어서 정말 아끼던 전문가용 색연필을 가지고 있었습니다. 딸 이안이가 9개월이 되었을 때 아낌없이 그 색연필을 물려주었는데, 입으로 가져가지 않고 엄마가 시범 보인 그대로 스케치북에 줄을 긋는 모습에 '천재 화가'가 탄생한 줄 알았습니다. 단지 줄 하나를 그었을 뿐인데 말이죠. 그 뒤로 정말 아낌없이 아이에게 스케치북과 흰 종이와 색연필을 주었습니다.

"아이가 줄 하나만 긋더라도 아이에게 종이를 주는 걸 아까워하지 마라."라는 푸름 아빠 육아 강연을 딱 한 번 들었을 뿐인데, 그 말이 내내 지워지지 않았습니다.

주변을 둘러보면 '비전문적'으로 놀 만한 게 정말 많습니다. 나뭇잎을 이용해서 입체감 있는 물고기 표현하기, 스카치테이프 케이스로 달팽이 그려보기, 촛불에 크레파스를 녹여서 나무 그려보기, 일상에서 느끼는 감정들을 색깔로 표현해 보기, 욕실에서 벽화 그리기 등 참으로 다양하지요.

아이에게 미술과 관련된 놀이는 굉장히 중요합니다. 영어나 수학 같은 분야와는 다른 차원, 즉 그런 분야에서는 얻기 힘든, 본성이 살아 있는 예술적 감각과 감수성을 갖게 해주기 때문입니다.

미술 관련 놀이는 아이에게 예술적 감각과 감수성을 갖게 해준다.

주변을 보면, 많은 엄마들이 아이를 미술 학원에 보내 그림을 잘 그리는 스킬을 먼저 익히게 하는 경우가 있는데, 아이에게 필요한 것은 스스로 생각한 것들을 '자기 마음대로' 표현해 보는 자유분방함입니다. 그림을 '잘' 그리고 '못' 그리고는 사실 중요하지 않습니다. 예술적인 재능은 타고나는 것이 많으니까요. 다만 많이 보고 많이 그려봐야 자신만의 스타일을 만들어가는 힘이 생깁니다.

요즘의 입시가 예전과 달라진 점은 '스킬'을 보는 것이 아니라, 내면에 가진 '가능성'을 보는 방향으로 바뀌었다는 것입니다. 특히 특목고 지향이 높아지고 있는 현재의 교육 환경에서는 면접관들이 이른바 '심층 면접'을 통해 아이 내면의 가능성을 섬세하게 파악해 냅니다. 심지어, 목소리의 '떨림'이 '자신감 없음'인지, '순수함'에서 오는 것인지를 분별해서 감지해 낼 정도니까요.

중학교 3학년 담임을 할 때였습니다. 과학고등학교를 지원한 우리 반 아이가 평범한 학교 성적에도 불구하고 최종 합격을 할 수

아이에게 미술 놀이는 생각한 것들을 마음껏 표현해 보는 활동이어야 한다.

있었던 것도 오직 '가능성' 때문이었습니다. 필요에 따라서는 담임이나 담당 교사에게도 면접관이 면담을 요청하는데, 면접관의 질문은 상당히 의외였습니다. 그것은 담임이 추천서에 남겼던 한 줄, '사교육을 하지 않았다.'에 대해 "정말로 사교육을 하지 않았습니까?"라는 단 하나의 질문이었습니다.

사교육이 나쁘다고 말하는 것이 아닙니다. 지금까지 얼마나 스스로 자신에게 기회를 주었고, 또 얼마나 자신의 삶을 고민하고 노력해 왔는지 근본적인 물음을 던지는 것입니다. 그러니 우리는 '스펙'으로, 혹은 '기술'적인 것으로 교육에 접근하려는 기본 마인드부터 바꾸어야 합니다.

결국 자신만의 색깔이 중요하지요. 다른 사람이 만들어준 습관이나 기술이 아니라, 아이 스스로 창조해 낸 고유함 말입니다. 이것은 아이가 자라면서 생각하는 힘, 학습으로의 연결이나 확장 등에서 굉장히 중요한 역할을 하게 됩니다.

더디게 가는 듯한 유아 시기 육아의 시간들, 아이와 '비전문적'으로 즐기는 것이 '기회의 가능성'에서 큰 차이를 만듭니다.

Story 09
책 놀이, 놀면서
아이와 사랑을 나누는
소통 방법

"아이의 하루는 어른의 1년과 같다."

엄마가 되고 나서 들었던 가장 묵직한 말입니다. 아이의 하루가 어른의 1년 같다니, 이 아이의 하루를, 1년치의 시간들을 어떻게 멋지게 창조해 줘야 할지 고민하게 만들었지요.

매일 고민만 하다가, 학생 때도 잘 안 읽었던 '책'을 아이에게 읽어주기 시작했습니다. 책을 읽어주면 상상력이 풍부해지고, 언어 능력도 좋아지며, 머리도 똑똑해진다는 이야기를 들었기 때문입니다. 아이는 엄마가 보여주는 그림책 그림을, 엄마가 읽어주는 목소리를 모두 좋아했습니다. 지금 생각해 보니 아마도 '엄마' 그 자체를 좋아했던 것 같습니다.

이렇게 똘망똘망 잘 크던 아이가 걷기 시작하고 말을 하기 시작하면서 '무법자 시기'라는 발달 단계에 들어섰습니다. 그러자 모든 상황은 한꺼번에 위기를 맞았습니다. 엄마의 이야기가 아이의 마음속에 들어갈 리 없고, 엄마의 표정을 아이가 바라볼 만한 마음속의 겨를이 점점 없어지는 시기였지요. 그 무렵 엄마인 나는 우울증을 앓고 있었습니다.

다행인 것은 '아이의 하루는 어른의 1년과 같다.'는 말이 나의 신념 체계로 받아들여져 정신적으로 힘든 상황에서도 이 한 문장만큼은 놓고 싶지 않았던 것입니다. 그래서 이때부터 아이와 '책 놀이'를 하기 시작했습니다. 동화책을 읽은 다음 아주 간단하게 그 책과 관련해서 '놀이'를 하는 것인데, 책 놀이를 하고 나서부터는 아이와 정서적으로 훨씬 더 가까워지는 경험을 했습니다.

아이와 하루를 보내고, 1년을 보내고, 10년을 보내고…… 어느새 훌쩍 자랐을 때, 중국에서 책 놀이 강연 요청이 있어 준비하던 중 책 놀이가 뇌과학적으로 두뇌에 얼마나 좋은 효과가 있는지 알게 되었습니다. 그때의 기쁨이란! '무작정' 걷던 내 발걸음의 방향이 맞았다는 확신이 생기는 순간이었습니다.

뇌과학자들이 임상실험을 통해 두뇌가 좋아지는 방법을 발표했는데, 그중에서 가장 첫 번째는 아이가 사랑받고 있다는 느낌을 갖게 하는 것이었습니다. 그 다음은 책을 많이 읽어주어 책을 좋아하게 만드는 것이고요. 그리고 '놀이'였지요. 물론 그 밖에도 음악, 탐험, 자유, 오감을 자극하는 활동 등 다양한 방법들이 있습니다.

책 놀이를 통해 아이는 책을 좋아하는 사람으로 성장하게 되고, 엄마와의 교감으로 인해 사랑받는다고 느끼게 됩니다. 두뇌를 좋게 하는 가장 좋은 방법 세 가지를 한 번에 실천할 수 있는 것이 바로 '책 놀이'입니다.

책 놀이의 중요성을 안다고 해도 많은 엄마들이 책 놀이에 선뜻 접근하지 못하는 이유는 어렵고 번거롭고 귀찮은 일이라는 인식 때문입니다. 그래서 실천하기 좋은 책 놀이 원칙을 소개하려고 합니다.

1 쉬워야 한다(비전문가인 엄마가 쉽게 만들 수 있어야 하니까).

2 재미있어야 한다.

3 책을 좋아하게 만들어야 한다.

4 책이 먼저여야 한다.

5 포인트를 잡아야 한다.

6 감동적이면 좋다.

7 정서를 만져주는 놀이가 좋다.

8 가족 사랑을 알게 하는 놀이가 좋다.

9 아이는 사소한 것을 좋아한다는 것을 명심하자.

10 다양하게 시도하는 엄마가 책 놀이 영재임을 믿자.

'책 놀이를 하려고 결심했는데, 지켜야 할 원칙이 열 가지나 돼?' 라고 지레 포기하지 마세요. 이 모든 원칙을 일일이 다 지켜야 할 필요는 없습니다. 다만 '어떤 놀이를 할까?' 고민할 때 이 원칙들을 보면서 떠오르는 놀이가 무엇인지 생각해 보세요.

아이를 키운다는 것은 어린 시절로 한 번 더 돌아갈 수 있는 최고의 기회를 선물받는 것입니다. 바로 '놀이'를 하는 그 순간에 말이죠.

엄마가 삶에 지쳐 아이와 함께 숨쉬는 일이 버겁다면 엄마 자신이 아이로 돌아가 같이 놀 방법을 찾아야 합니다. 그렇게 되면 엄마의 마음을, 더불어 아이의 마음을 다독일 수 있지 않을까요. 그래서 더더욱 책 놀이가 필요합니다.

Story 10

흥미 업! 재미 쑥!
쉬운 책 놀이로
아이와 즐겁게 소통하기

책 놀이는 아이와 즐겁게 소통하는 방법 중 하나입니다. 놀이가 아이의 두뇌와 발달에 두루 좋다고는 알고 있지만, 막상 '어떻게 놀아야 하지?'라는 단단한 벽에 부딪히면 순식간에 머릿속이 새하얗게 되어버리고 맙니다. 아이디어가 없으니 머리가 지끈거리며 아프고, 아이를 기관으로 보내자니 보여주기 식 놀이가 될까 봐 걱정이 됩니다.

앞에서 이야기했듯이, 책과 놀이와 교감이 만나면 그야말로 아이의 지성과 감성을 모두 키울 수 있는 최고의 방법이 됩니다. 재미있게 놀면서 아이의 지성과 감성은 쑥쑥 키우는 것이지요.

아이와 책 놀이를 하기로 마음먹었다면 준비물은 책만 있으면 됩니다. 모든 방법과 아이디어는 책에서 출발하니까요. 그러니 엄마는 '책 놀이는 쉽다.'라는 생각과 '나는 원래 책 놀이 영재다.'라는 생각만 가지면 되는 것이지요.

평범한 엄마들이 육아서를 읽고 느끼는 감정 1순위는 성취감이나 도전의식이 아니라 '좌절감'이라고 합니다. 어려울수록, 대단하다고 느낄수록 상대적인 좌절감이 마음을 불편하게 하지요. 그래서 좋은 책은 '나도 할 수 있겠구나.'라는 자신감을 심어주어야 하는 겁니다.

이제 책 놀이 방법들을 몇 가지 구체적으로 제시하려고 합니다. 책 놀이가 그리 어렵지 않고, 누구나 할 수 있는 놀이라는 것을 알게 해주려는 것이지요. 그러면 저절로 자신감도 생길 것입니다. 잠자고 있던 책 놀이의 센스가 실력 발휘를 할 거랍니다.

● 날씨 관련 책 읽고 팝업북 만들어보기

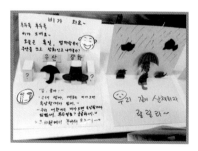

● 기분, 감정 관련 책을 읽고 종이접시에 눈, 코, 입을 뚫어 표정 맞추기

● 얼굴 표정과 관련된 책을 읽고
  OHP필름을 얼굴에 두르고 서로
  그림 그려주기

● 시간과 관련된 책을 읽고 두꺼운
  종이에 시계를 만들고 벌칙 써넣어
  돌리기

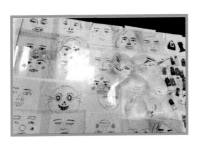 

● 물고기와 관련된 책을 읽고 나뭇잎을 따다가 물고기로 꾸며보기

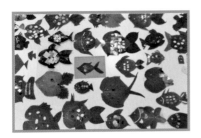 

● 신체와 관련된 책을 읽고 세포, 뼈, 뇌, 코, 입, 배꼽 등의 명칭을 정육면체
　상자에 쓴 뒤 주사위로 던져 나온 이름 만지기

● 신체 관련 책을 읽고 전신 그림을 그려가며 명칭에 대해 쓰고 붙이기

● 꽃 관련 책을 읽고 봉숭아 꽃물 들이기

● 편지와 관련된 책을 읽고 나서 아이스크림 막대에 '괜찮아 편지 쓰기'

　돌이켜보니, 아이와 책 놀이하는 시간만큼은 스킨십이나 대화를 많이 하면서 보냈습니다. 엄마가 일방적으로 수업을 하는 방식이 아니라 상호작용하면서 '노는' 책 놀이니까요.

　놀이는 수단이 아니라 목적 그 자체일 때 가장 행복합니다. 아이와 길고 긴 하루를 보내기 어렵다면, 웃느라 즐기느라 시간도 금방 가고, 아이도 똑똑하게 키울 수 있는 '책 놀이'를 추천합니다. 함께 창조해 내는 이런 놀이들은 훗날 아이가 학교생활을 할 때 적재적소에서 발휘되는 센스, 융통성, 무궁무진한 아이디어, 재미있어서 생기는 뛰어난 사회성, 힘든 상황을 환하게 만드는 유머, 아이들을 사로잡는 리더십, 기지를 재빨리 발휘하는 순발력 등 다양한 활동에서 빛을 발하게 될 것입니다.

　삶은 모든 순간에서 '선택'을 해야만 합니다. 순발력과 센스와 열린 사고만 있으면 후회 없는 선택을 할 수 있습니다. 금방 질리는 고가의 장난감보다 수십 배, 수백 배의 효과를 지닌 책 놀이가 고단한 육아를 보람 있게 할 것입니다. 엄마 머릿속에 잠자고 있는 창조의 힘을 책 놀이로 깨워보세요. 아이와 보내는 행복감은 덤으로 따라올 테니까요.

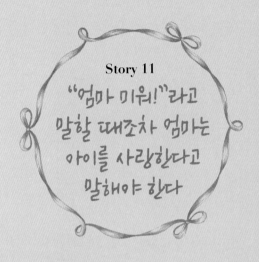

"엄마 미워!"라고
말할 때조차 엄마는
아이를 사랑한다고
말해야 한다

외출 후 돌아오는 길. 우리 집은 12층이다.

다섯 살인 첫째아이는 늘 엘리베이터 버튼을 자기가 눌러야 한다. 안 그러면 그 자리에서 갑자기 뒤집어지면서 돌변한다.

장을 봐온 날이라 짐이 너무 많았다. 무거운 마음에 빨리 올라가고 싶어서 무심코 내가 먼저 엘리베이터 버튼을 누르고 말았다. 아니나 다를까, 아이는 그 자리에서 난리를 쳐댔다. 짐은 무겁고, 둘째아이는 안고 있고, 첫째아이는 난리를 치고……

정말 울고 싶다. 힘든 남편 배려해 준답시고 혼자 장을 봐온 내가 바보지. 갑자기 원망의 화살이 남편에게 향한다. 누가 배려해 달라고 한 것도 아닌데……. 다 버리고 도망가고 싶다.

이 이야기는 나의 이야기이기도 하고, 제멋대로인 '무법자 시기' 아이를 키우는 모든 엄마들의 이야기이기도 합니다. 아이는 늘 자기가 이겨야 하고, 늘 자기가 먼저 해야 하는 시기를 예외 없이 지나갑니다. 일명 '내가 할 거야!' 시기인 이때 엄마가 발달 시기를 알아차리고 존중해 주면, 아이의 자존감은 이 시기에 가장 많이 올라갑니다. 즉 이 시기에 받은 인정과 존중, 배려가 평생의 사회성과 성취감을 키우는 데 든든한 밑거름이 되지요.

엄마가 아이의 발달을 알고 있다 하더라도 앞의 사례처럼 '무심코' 혹은 '너무 힘들어서' 아이의 '내가 할 거야!'라는 욕구를 채워주지 못할 경우가 종종 있습니다. 이럴 때 아이는 뒤집어지면서 엄마에게 독설을 날립니다. 금세 "엄마 미워! 엄마 싫어! 쓰레기통에 버릴 거야!" 등 주위에 다른 사람이 있으면 쥐구멍이라도 들어가고 싶은 순간이 되지요.

아무리 아이가 한 말이지만 과격한 아이의 반응에 엄마는 순식간에 감정이 상하고, 어떻게 반응을 해주어야 하는지, 표정은 어떻게 지어야 하는지 몰라 당황하게 됩니다. 이럴 때 좋은 방법이 두 가지 있습니다.

첫째, '적당한' 공감의 말을 하는 겁니다. '적당한'이라는 수식어를 붙인 이유는 엄마가 엘리베이터 버튼을 누른 다음이기 때문에 이미 엎질러진 물입니다. 아무리 공감의 말을 해도 아이의 뒤집어

짐이 마법처럼 그칠 리 만무합니다. 그러니 그냥 '적당히' 공감해 주면 됩니다. "우리 이안이가 누르고 싶었는데 엄마가 눌러서 화가 났구나. 엄마가 깜빡 잊어버렸어. 미안해."

아이는 살면서 엄마가 공감의 말을 해주었던 그 순간을 기억하지, 엄마의 공감으로 떼를 멈춘 것을 기억하지는 않습니다. 그러니 엄마는 엄마로서 공감만 해주고 마음에서 자유로워져야 합니다. 문제 해결이 목적이 아니라, 정서적 친밀감을 잃지 않는 것이 부모 자식 간의 관계에서 가장 중요하니까요.

둘째, "그래도 엄마는 너 좋아."라고 말하는 겁니다. 엄마가 싫다면서 악을 쓰는 아이에게 공감을 많이 해준다 해도 아이는 감정의 홍수 상태이기 때문에 공감의 말이 잘 들리지도 않을뿐더러, 엄마 마음도 점점 상하게 되므로 공감의 말이 잘 나오지도 않습니다.

그렇지만 아이가 울고불고 엄마를 원망하더라도 이렇게 말해 주어야 합니다.

"엄마 미워해도 괜찮아. 이안이가 엄마 미워해도 엄마는 이안이가 좋아. 이안이를 사랑해."

이 말에는 굉장한 힘이 있습니다. 왜냐하면 이 말을 하는 순간, 엄마의 마음 안에 있던, 아이로 인해 서운했던(엄마 밉다고 했으니까) 감정들이 신기하게 사르르 녹아버리기 때문입니다. '그래, 내가 엄마였지. 아이 아니고 엄마니까.'라는 생각이 들면서 스스로가 대견해지는 경험을 하게 되는 거지요. 그리고 아이도 이 말을 들으면 차츰 감정 정리를 하게 되어 관계는 나빠지지 않으면서 문제 상황에서 서로를 알아가는 요령이 생기게 됩니다.

'네가 아무리 엄마를 미워해도 엄마는 너를 사랑해. 이게 엄마의 진심이란다.'라는 마음이 아이에게 전해지면 되는 겁니다. 참 멋진 방법이지요?

아이가 엄마를 마음껏 미워해도 죄책감이 들지 않도록, 실컷 미워하고 감정 정리할 수 있는 기회를 주는 겁니다. 원래 아이의 진심은 엄마를 사랑하니까, 엄마가 엄마의 진심을 먼저 말해 주는 거예요. 엄마는 언제나 아이에게 안전한 존재였다는 것을, 작은 말 한마디에 담아보는 겁니다. 그러면 아이가 자라 훗날 어른이 되었을 때, 삶이 힘겹다고 느껴질 때 엄마의 따스했던 말 한마디를 위로 삼아 기억해 낼 것입니다.

"엄마가 미울 때는 미워해도 돼. 그래도 엄마는 네가 좋아. 언제나 너를 사랑한단다."

이 말이야말로 아이가 가장 듣고 싶어 하는 말이 아닐까요.

몰래 데이트, 힘들어하는 첫째아이를 위한 사랑 방식

작년 이맘때, 큰아이가 눈물을 글썽이며 "엄마, 수아는 101이고 나는 99 같아."라고 말한 적이 있습니다. 자신에게 와야 할 1이 동생에게 갔으니 엄마는 자신을 덜 사랑한다면서 서운함에 한 말입니다.

아이가 둘 이상인 집에서는 '고유하게 사랑하라.', '각자 특별하게 사랑하라.'는 말을 실천하기가 생각처럼 쉬운 게 아닙니다. 특히 동생을 본 큰아이의 상실감을 달래주기에는 엄마가 마음의 여유가 없답니다. 이전보다 몸은 두 배, 세 배로 힘들고, 신경 쓸 일은 네 배, 다섯 배로 늘어나며, 우울하고 힘든 마음은 열 배, 스무 배로 커지게 마련이니까요.

둘째아이가 태어나면 대부분의 경우 '큰아이가 미워지는 시기'를 맞게 됩니다. 이성적으로는 큰아이를 이전보다 더 신경 써서 사랑하는 게 맞지만, 감정은 이성보다 훨씬 재빨라서, 큰아이에게 내 손이 먼저 가 있거나, 버럭 소리를 지른 뒤에야 이성이 돌아오게 됩니다.

큰아이의 메시지는 처음부터 끝까지 '나 좀 사랑해 줘!'인데, 엄마 입장에서는 엄마를 힘들게 하는 일투성이기 때문에 감정의 골이 더 깊어지기만 합니다.

이럴 때 엄마 감정의 쓰레기통 역할을 하는 것은 큰아이가 되기 쉽습니다. 아이가 서운함을 내비치는 건 아이의 정서가 건강하다는 신호인데, 엄마는 미쳐버릴 것 같거든요. 어떤 형식으로든 표현을 한 큰아이에게 고마운 건 맞지만, 힘든 엄마가 그 서운함을 부정하면서 "아니야, 엄마는 너를 더 사랑해."라고 합니다. 그러면 아이는 자신의 감정을 부정당한 아픔 한 번, 엄마의 행동이나 눈빛에서 거짓말이라는 것에 속았다는 아픔 또 한 번, 이렇게 두 번의 상처를 받게 됩니다. 그렇기 때문에 아이가 어떤 식으로든 표현하면 아이의 감정을 무조건 인정해 주는 것이 먼저입니다.

"엄마가 수아를 1만큼 더 사랑하는 것처럼 느껴져서 속상하고 힘들었구나. 이안이가 그렇게 느끼게 해서 엄마가 너무 미안해."

자신의 마음을 엄마가 공감해 주고 알아주는 것만으로도 아이는 감정이 조금 누그러지게 됩니다. 그러나 엄마의 힘든 시기는 기간을 정해 두고 오는 것이 아니어서, 언제 끝날지 모르는 이 일상을 반복하게 되지요.

나와 큰아이에게 필요한 것은 '전환점'이었습니다. 나는 주저함 없이 직장에 휴가를 내고 큰아이와 '몰래 데이트'를 하기로 결정했습니다. 말이 아닌 행동으로 '엄마가 너를 얼마나 사랑하는지' 느끼게 해주는 것이 가장 중요하다는 것을 아이의 눈빛에서 읽었기 때문입니다.

아이와 비밀을 만들어 공유한다는 것은 큰 의미를 가집니다. 엄마가 그동안 둘째아이에게 신경 쓰느라 놓쳤던 많은 부분들을 만회할 절호의 기회니까요.

비밀을 만들어 가지려면 둘만의 '작전'을 짜야 합니다. 그 작전만으로도 아이는 이미 동생에게 간 '1'을 가지고 왔다는 생각이 들지도 모릅니다. 우리는 007작전처럼, 학교에 둘째아이와 함께 등교한 뒤, 운동장 끝에 있는 그네 앞에서 한 시간 뒤에 만나기로 몰래 약속하고, 미리 담임선생님께도 양해를 구해 두었습니다.

아이가 얼마나 가슴 설레게 엄마를 기다렸을지, 엄마에게 전부였던 큰아이의 마음이 고스란히 전해지던 약속의 순간! 그날은 의식적으로 온전히 큰아이만 바라보는 시간을 보냈습니다. 엄마와 단둘이 큰아이가 좋아하는 팥빙수도 먹고, 팥빙수 집 동네의 벽화도 구경하면서 아이와 많은 대화를 나눴습니다.

오후가 될 무렵, 아이가 말하더군요.

"엄마, 이제 엄마가 나를 얼마나 사랑하는지 알겠어."

나에게 '엄마'라는 어색하고도 신비로운 이름을 처음 만들어준 아이. 그 기쁨이 미움이 되는 날들에 대한 죄책감도, 엄마는 너에게 최선을 다했다는 합리화도 이 말을 듣는 순간 스르르 무너지는 것을 느꼈습니다.

아이가 어릴 때는 몰래 데이트가 강렬한 사랑의 표현이 됩니다. 이안이가 더 어릴 때는 아빠와 협력해서 한 번은 이안이와, 한 번은 수아와 30분 정도 저녁 산책을 했습니다. 어느 주말에는 간식을 손에 들려서 아빠와 극장 데이트를 보내기도 했고요. 아이는 어릴 적에 받았던 사랑으로 평생을 산다고 하는데, 이런 노력들은 얼마나 값진 것인지요! 시간은 되돌릴 수 없으니까요.

다음은 몰래 데이트가 필요할 때 찾아오는 나의 증상입니다.

1 큰아이가 때론 밉고 힘들 때가 있다(사실은 자주).

2 매번 반복되는 일상으로 인해 두 아이를 키우는 게 정체되는 느낌이다.

3 큰아이가 동생을 괴롭히거나 미운 짓을 골라서 하는 것 같다.

4 엄마가 큰아이에게 한 행동을 반복적으로 반성하면서도 마음이 풀어지지 않는다(아이를 재워놓고 밤마다 미안한 마음에 눈물을 쏟는다).

5 밤마다 울면서 다짐했던 마음들이 다음 날 아침이 되면 싹 사라진다.

6 큰아이가 동생을 본 뒤로 떼쓰는 것이 늘었다.

7 둘째아이는 뭘 해도 예쁜데, 큰아이는 예쁜 짓을 할 때만 예쁘다.

혹시 이런 마음이 든다면 그 순간이 바로 전환점이 필요한 순간입니다. 큰아이에게는 엄마가 많이 사랑한다는 확신을 갖게 되는 전환점, 엄마도 너를 통해 친밀감을 느끼면서 행복할 수 있다는 일상의 전환점, 동생의 탄생과는 별개로 엄마와 너는 특별한 관계라는 인식을 다시 하게 되는 전환점, 큰아이가 둘째아이 키우는 데 결정적인 조력자가 될 전환점, 큰아이를 맞이할 때의 기쁨을 회복하게 될 전환점입니다.

학교에서 아이들을 보면서 깨닫는 것 하나가 있습니다. 아이의 일상은 공부든, 친구 관계든, 선생님들과의 관계든, 학업 성취든, 그것이 무엇이든 마음의 평안이 먼저라는 것입니다. 엄마에게 혼나고 온 아이, 부모가 싸우는 모습을 보고 온 아이, 엄마가 힘들어하는 모습을 자주 보는 아이는 그 일이 아이의 일상을 사로잡아 얼굴이 어둡거나, 페르소나(사회적 가면)를 쓰고 생활합니다. 모든 삶의 원동력은 내면에 있다는 사실을 몸으로 느끼는 순간이지요.

내면의 힘든 일들은 때로 어쩔 수 없는 상황이기도 합니다. 그런데 엄마가 힘들어하는 것을 큰아이에게 투사하거나 전이시키면 더 큰 시련으로 돌아오게 마련입니다. 아무리 성적이 좋고 똑똑하다고 한들 본인이 행복하지 않다고 느끼면 무슨 소용일까요. 아이의 똑똑함보다도, 성적보다도 마음의 행복을 최우선적인 가치로 생각해야 하는 이유가 여기에 있답니다.

둘째아이는 얼굴만 보아도 사랑받기 위해 태어난 아이라는 생각이 듭니다. 그러나 엄마의 그림자를 건드려 엄마를 미치게 만들곤 하는 큰아이는 엄마에게 있어서 최고의 상처 치유자입니다. 큰아이가 동생에게 엄마를 빼앗긴 것은 큰아이의 잘못이 아니기에, 엄마는 동생으로 인한 큰아이의 아픔도 함께 바라보아야 합니다. 아이는 엄마의 사랑을 먹어야 건강하게 자라는 존재니까요.

엄마 안의 사랑이 100이라면, 큰아이가 느끼는 사랑도 100이어야 합니다. 내 부모의 사랑이 100이라면 내가 갖고 싶은 사랑도 100인 것처럼요.

큰아이의 부족한 '1'을 채워주는 전환점이 필요한 순간인가요? 아이와의 몰래 데이트가 엄마와 아이에게 꼭 필요한 전환점, 행동으로 사랑을 나누어주는 아주 좋은 소통 방법이 될 것입니다.

Story 13

첫째아이와 둘째아이를
사랑으로 꽁꽁 이어주는
'관계의 기적'

　주변을 보면, 형제자매 사이가 아주 좋은 집도 있고, 반대로 눈만
떴다 하면 서로 으르렁거리는 집도 있습니다. 아이 둘을 키우다 보
니 둘 사이 '관계의 열쇠'는 엄마가 쥐고 있다는 사실을 깨닫게 됩
니다.

　한 사람의 성향이나 성격 등은 타고나는 대로 살게 마련입니다.
하지만 선천적인 원인과 별개로 두 아이의 최초 만남에서부터 성
장의 순간순간 엄마가 어떻게 대해 주었는지에 따라 둘의 관계는
평생으로 이어집니다.

　형제자매 사이가 좋지 않으면 이러지도 저러지도 못하는 상황에
서 엄마는 지치고, 화나고, 첫째아이가 미워지고, 손이 올라가고,

소리 지르게 되고, 죄책감을 느끼고……. 둘째아이는 도대체 언제 크는 건지, 이 시기가 영원할 것만 같아 답답해 미칠 지경에 이르게 되지요.

나 역시 둘째아이가 태어나고 이런 깊은 터널에 갇혀 허우적대고 있었습니다. 그 즈음 푸름 아빠 육아 강연에 갔다가 관점에 큰 변화를 가져올 한마디를 들었습니다.

"지금이 가장 힘들 때예요. 첫째아이를, 둘째아이를 키우는 조력자로 삼아보세요."

얼굴빛만 보고, 지금이 가장 힘들 때인지 어떻게 알았을까요. 이분이 점쟁이인지 의심이 갈 정도로 내가 가장 아파하는 곳을 위로해 주어 눈물이 울컥하고 났습니다. 깊은 공감을 받아서였겠지요. 그리고 이어진 '조력자'라는 단어가 가슴에 콕 하고 박혔습니다.

'조력자 = 도와주는 사람'.

첫째아이도 엄마가 돌봐야 하고, 둘째아이도 엄마가 돌봐야 한다는 생각에서 '탁!' 하고 관점을 바꾸고 났더니 새로운 길이 보였습니다.

둘째아이를 맞이하기 위해 많은 노력을 했음에도 불구하고 매번 현실의 벽에 부딪혔는데, 관점을 바꾸어 첫째아이를 조력자로 삼은 순간, 둘의 관계는 기적처럼 바뀌기 시작했습니다.

엄마는 둘째아이가 태어나서 마음껏 기뻐하고 싶지만, 다른 한편으로는 엄마를 빼앗겼다는 질투심에 밤낮으로 힘들어하는 첫째아이가 안쓰럽기 그지없습니다. 둘 다 봐달라고 울기라도 하면 누구에게 가야 하는지 몰라 돌아버릴 것 같지요.

종종 첫째아이는 착한아이 콤플렉스 덩어리로 자라고, 둘째아이는 영원한 응석받이로 자라는 경우가 있습니다. 이는 두 아이를 각자 고유하고 특별하게 대하지 않고 서로의 존재에 대해 부모가 '상대적인' 태도를 취했기 때문입니다. 그렇지만 아이는 첫째든 둘째든 상관없이 특별하게 사랑받아 마땅합니다.

첫째아이를 엄마의 영원한 조력자, 즉 좋은 친구로서 지낼 수 있다니, 이보다 더 큰 관점의 변화가 또 있을까요? 첫째아이가 마음의 준비만 잘해도 둘째아이를 훨씬 더 잘 받아들인답니다. 첫째아이가 마음의 준비를 잘하기 위해 엄마 아빠가 신경 써주어야 할 일은 다음과 같습니다.

하나, 동생을 맞이할 마음의 준비하기

동생을 맞이하는 내용의 동화책을 선물로 줍니다. 아이에게 읽어주면 자연스레 태교도 되고, 첫째아이가 마음의 준비를 할 수 있는 좋은 기회도 됩니다.

〈엄마를 빌려줄게〉, 〈순이와 어린 동생〉, 〈나한테 동생이 생겼어요〉, 〈내 동생이 태어났어〉, 〈내게도 동생이 생긴대요〉, 〈병원에 입원한 내 동생〉, 〈스팟에게 동생이 생겼어요〉, 〈엄마는 언제나 너를 사랑한단다〉, 〈동생이라고? 난 싫어!〉, 〈우리 병원놀이 할래?〉, 〈누나는 정말 힘들어〉, 〈말썽꾸러기 내 동생〉, 〈달라질 거야〉, 〈피터의 의자〉, 〈엄마 배가 커졌어요〉 등의 그림책을 읽어주면서 자연스럽게 동생의 존재를 받아들일 수 있도록 배려해 주세요.

둘, 첫째아이와 태교를 같이 하기

둘째아이가 생기면 태교할 시간이 그렇게 많지 않습니다. 게다가 뱃속의 동생에게 다정하게 이야기하면 첫째아이의 소외감은 커져 가지요. 이럴 때는 첫째아이도 태교할 수 있도록 배려해 주어야 합니다. 엄마 아빠의 환영보다 먼저 첫째아이에게 환영받아야 세상 살기 편해지는 게 동생의 운명이라면 운명이기 때문이지요.

"이안아, 동생에게 책 좀 읽어주자. 엄마가 읽는 것보다 이안이가 읽어주는 걸 더 좋아하는 거 같아."

"이것 봐, 언니가 이야기하니까 움직이네!"

"이안아, 이안이가 노래를 부르니까 동생이 기분 좋은가 봐. 귀 좀 대볼래?"

"동생은 좋겠다, 이안이 같은 예쁜 언니가 있어서."

이렇게 말해 주며 첫째아이를 많이 안아주고 쓰다듬어주고 예뻐 해 주는 것도 필요하답니다.

셋, 첫 대면에 신경 쓰기

'각인 효과'는 두 아이 사이의 첫 대면에서도 작용합니다. '처음' 만큼 큰 각인 효과는 없으니까요. 이때 조심해야 할 것은 첫 대면에서 엄마가 동생을 안고 있는 모습을 보여주면 안 된다는 것입니다. 아이가 마음속으로 동생을 맞이할 준비가 됐다 하더라도 현실은 오감을 통해 순간의 감각으로 받아들이기 때문에 엄마가 다른 아기를 안고 있으면 첫째아이는 충격을 받게 됩니다. 그리고 그 충격은 어릴수록 더 크답니다.

이안이와 수아는 연년생이었기 때문에 더욱 조심스러웠지요. 마치 007작전을 방불케 하는 전략으로 둘째를 아기침대에 눕히고 첫 대면을 주선했습니다. 그러자 이안이는 〈엄마를 빌려줄게〉에 나오는 대사 그대로 "동생아, 엄마를 빌려줄게. 나중에 꼭 돌려줘야 해." 라고 말해서 주위를 감동시켰습니다.

넷, 첫째아이를 둘째아이 키우는 '조력자'로 삼기

"이안아, 수아가 똥 쌌네. 윽! 냄새. 우리 같이 기저귀 갈아줄까? 엄마는 냄새나는 똥을 닦을 테니, 우리 이안이가 새 기저귀의 찍찍이를 붙여볼래?"

"이안아, 수아에게 냄새가 나는 것 같아. 우리 같이 목욕시켜 줄까? 이안이는 왼쪽 팔을 닦아주고, 엄마는 오른쪽 팔을 닦아줄게."

이처럼 동생을 돌보는 '일'에 첫째아이를 조력자로 투입시키기 시작했습니다. 그랬더니 첫째아이도 차츰 동생은 경쟁 상대가 아니라, 엄마와 '함께' 돌보는 존재라는 생각을 하게 되었지요.

첫째아이와 둘째아이를 함께 키울 때는 조심해야 할 것들이 많습니다. 다음은 아이들 키우기가 수월해지는 몇 가지를 짚고 넘어가볼까요?

하나, 어떤 경우에도 비교하는 말 하지 않기

'비교'는 상하 관계입니다. 그런데 인격적인 존중은 수평 관계에서만 이루어집니다. 우리는 태어나면서부터 수도 없이 비교하는 말을 듣고 자랐습니다. 나도 모르게 입에서 비교의 말이 튀어나오지만 아이는 비교당하는 존재가 아닙니다. 어떤 경우에도 비교하는 말을 조심해야 하지요.

"형은 안 그러는데……."라든가, "동생 좀 봐, 얼마나 잘하는지."라는 부정적인 비교는 말할 것도 없고, "언니처럼 밥 좀 많이 먹자."라든가, "누나도 하는데 너도 해볼래?"처럼 부정적인 말이 들어가지 않을지라도 비교는 조심해야 합니다.

둘, 차별 대우하지 않기

"오빠니까.", "동생이니까."라고 차별 대우하는 것도 비교 의식에서 나오는 말입니다. 특히 할머니나 할아버지가 이런 말씀을 많이 하시지요. 아이는 자신의 감정에 충실하도록 태어났는데, 어른들이 깎고 다듬어서 아이의 감정에 가면을 쓰게 만듭니다.

셋, 소유에 대한 개념을 분명히 알려주기

동생이 생기면 첫째아이의 스트레스는 소유에 대한 침범에서 가장 커집니다. 이럴 때는 동생에게, 형(언니, 오빠)의 물건이라는 것을 반드시 알려주고, 양해를 먼저 구한 다음 빌려야 한다는 것을 분명하게 인지시켜야 합니다. 첫째아이에게도 마찬가지입니다. 서로를 존중하는 마음은 상대방의 소유에 대한 것을 인정하는 것에서부터 시작됩니다.

이번에는 첫째아이와 둘째아이의 관계를 더욱 좋게 하는 방법을 알아볼까요?

하나, 놀이로 둘 사이의 스킨십을 유도하기

낯선 사람이 어느 날 갑자기 나타나서 친하게 지내자고 하면 당황하게 마련입니다. 더구나 자신이 가장 사랑하는 사람 옆에 딱 붙어 있다면 한 대 때리고 싶은 마음마저 들겠지요. 마음의 거리를 좁히는 가장 좋은 방법은 신체 접촉입니다.

먼저 두 아이를 목욕시키고 나서 나란히 눕혀놓고, 노래를 부르며 오일을 바르고 마사지를 해줍니다. 이때 둘을 한 몸인 듯 첫째아이의 왼팔, 둘째아이의 오른팔을 마사지해 주고, 노래에 맞춰 둘의 손을 마주해서 손뼉을 치게 해줍니다. 발 박수도 치게 하고요.

장난을 치고 웃으며 꽃 피는 사랑은 두 아이의 친밀감을 형성해 나가는 데 더없이 좋지요. 처음에는 어색하게 여기지만 하루 이틀 스킨십을 하다 보면 자연스러워집니다.

둘, 엄마를 소유하고자 하는 욕구는 시간 차를 이용해서 채워주기

아무리 잘해 줘도 받고 또 받고 싶은 것이 '엄마의 사랑'입니다. 태어나서 36개월까지는 엄마의 사랑을 통해 세상에 대한 신뢰감을 배웁니다. 아이가 둘이 되면 사랑을 공평하게 나눠줘야 할 것 같지만, 그렇지 않습니다. 사랑은 입체적이기 때문이지요.

둘째아이가 잠들었을 때는 첫째아이에게 집중해야 합니다. 몸이 힘들어서 쉬더라도 엄마가 너를 향해 누워 있다는 생각이 들도록 해야 하지요.

첫째아이가 아빠와 데이트라도 나간다면 그때는 둘째아이에게 온 마음으로 사랑을 전해주어야 합니다. 둘째아이는 엄마의 마음

아이들에게 스킨십을 할 기회를 많이 주거나, 첫째아이에게 어떤 역할을 부여하면 아이들의 사이는 더욱 돈독해진다.

만으로도 이미 충분히 사랑받고 있다고 느낄 것입니다.

셋, 스킨십을 즐길 수 있는 방법을 같이 연구하기

동생이 생겼을 때 첫째아이를 조력자로 삼는 가장 좋은 방법은 '작전 짜기'입니다. 첫째아이와 엄마는 한편이므로 너와 내가 작전을 잘 짜서 동생을 돌보는 일을 하자고 제안하는 것이지요.

아이들은 무언가 할 일이 주어지면 호기심이 가득 차오르는 호기심 대장입니다. 공놀이를 하게 된다면 어떻게 하는 것이 좋을지, 모자를 씌워줄 때 방향을 어떻게 하는 것이 어울릴지, 기저귀는 어느 장소에서 갈아주는 것이 가장 냄새가 덜 나면서 동생도 기분이 좋을지, 엄마가 모유를 먹일 때 첫째아이는 왼쪽에 있을지 오른쪽에 있을지 등 모든 것을 첫째아이의 아이디어에 따른다면 육아가 점점 편안해질 것입니다. 시간은 오래 걸려도 누구 하나 소외된다는 느낌 없이 '가족 공동체'로서의 감정을 쌓을 수 있게 되니까요.

넷, 아빠의 자리를 만들어주기

남편은 때로 아내를 엄마로 투사하기도 합니다. 그런데 아이들과 아내를 책임져야 하는 큰 책임감으로 '행복'을 느낄 수도 없게 많이 지쳐 있기도 하지요.

이럴 때일수록 엄마는 자꾸 아이 옆에 '아빠의 자리'를 만들어주어야 합니다. 아빠와 첫째아이 둘만의 사인(하이파이브나 윙크 등)을 만들어 서로 주고받게 격려해 주고, 여건이 된다면 짧게라도 둘만의 데이트를 할 수 있게끔 배려해 주어야 하지요.

남편도 아내도 사랑받고 싶어 하는 사람이라는 것을 결코 잊으면 안 됩니다. 나의 피곤함에 가려져 보이지 않던 상대의 고단함이 아주 가끔씩이라도 보인다면, 그럴 때마다 솔직하게 고마운 감정을 표현해 주어야 합니다. 표현만큼 감동을 주는 사랑도 없으니까요.

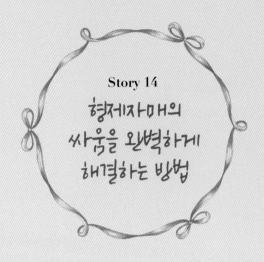

Story 14

형제자매의
싸움을 완벽하게
해결하는 방법

부모가 아무리 아이들을 공평하게 대하고 신경 쓴다 해도 아이들은 싸우게 마련입니다. 한 아이가 안 보이면 찾다가도, 또 둘이 만나면 서로 먼저 하겠다고, 더 많이 갖겠다고 큰 소리를 내곤 하지요. 그러다 치고받고 싸우는 일까지 일어납니다.

부모 입장에서야 둘이 싸우지 않는 것이 가장 좋습니다. 그러나 형제자매 사이의 다툼은 세상살이에 대한 연습이라고도 하므로 부정적으로만 볼 필요는 없습니다. 물론 그렇다고 해서 형제자매의 싸움이 좋다는 것은 아닙니다. 다만, 부모가 둘의 싸움을 바라보며 세상이 무너지는 것처럼 분노할 필요는 없다는 의미지요.

아이들이 싸우다 서러워 한꺼번에 울음을 터뜨릴 때가 있습니다.

그러면 엄마는 자동반사적으로 더 어린 아이에게 마음이 쓰일 수밖에 없습니다. 그러나 이를 내색하면 첫째아이의 박탈감은 말로 다하지 못할 정도지요. 이 반복되는 터널 속 같은 암담한 상황을 아예 만들지 않으려면 '예방 사랑주사 놓기'를 활용해 보세요. 싸움을 미연에 방지하자는 의미랍니다.

첫째아이가 기분 좋을 때, 다시 말해 이성적으로 생각할 수 있는 상황일 때 엄마가 힘든 부분을 솔직하게 이야기해 보는 거예요.

"이안아, 엄마는 이안이가 울면 마음이 아파서 얼른 달래주고 싶어. 그런데 동생이 같이 울면 엄마는 어떻게 해야 할지 몰라 당황스럽고 힘들거든. 그래서 이안이에게 좋은 방법이 있나 물어보고 싶은데, 이안이가 방법 좀 알려줄래?"라고 조언을 구하는 겁니다.

이때 혹시라도 "엄마가 동생을 먼저 안아준 다음 이안이를 안아주면 안 될까?"처럼 방법을 먼저 마련해 놓고 허락을 구하는 식으로 말하면 안 됩니다. '동생 먼저'라는 말이 걸려서 아이는 절대로 안 된다고 할 테니까요.

이 방법의 핵심은 엄마가 어떤 부분이 힘든지 솔직하게 말한 뒤 '너에게 좋은 방법이 있을 거야. 너의 현명한 판단을 믿어.'라는 메시지를 주는 겁니다. 그러면 아이는 자신의 생각을 이야기할 것입니다.

아이들이 좀 더 커서 싸운다면 다음 4단계의 방법을 거치는 것도 효과적입니다.

1단계_분리시키기

보통은 소유에 대한 문제나 순서에 대한 문제로 싸움이 납니다. 이럴 때 아이들은 감정이 올라가 있기 때문에 이성적인 판단을 필요로 하는 훈육은 효과가 없습니다. 가장 먼저 해야 할 일은 "잠깐만!", "멈춰!" 하며 싸우는 아이들을 떼어놓는 '분리'입니다.

이때는 경계를 단호하게 쳐주어야 아이들이 부모의 말을 듣습니다. 부모가 싸우는 아이들의 감정에 휘말리거나, 어찌할 줄 몰라 힘들어한다면 좋은 훈육을 할 수 없거든요.

아이들은 경계를 분명하게 쳐주는 부모를 존경하고 신뢰합니다. 무조건적인 허용은 오히려 독이 되어 부모가 아래로 내려가는 수직 관계가 되기도 한답니다.

2단계_경청하기로 약속하기

아이들을 분리시킨 뒤, 서로의 이야기를 엄마가 잘 들을 거라는 믿음을 아이들에게 주어야 합니다.

"둘 다 지금 감정이 많이 상하고 화가 나 있구나! 엄마가 차례차례 전부 이야기를 들어줄 거야."

이렇게 이야기를 하는 것만으로도 아이는 엄마에게 정서적인 후원을 받는다는 느낌을 갖게 됩니다.

3단계_한 아이씩 이야기하게 하기

사람은 안전하다고 믿는 공간에서 자신의 이야기를 풀어놓습니다. 아이들도 마찬가지여서 이런 환경이라야 엄마에게 말을 하게 되지요. 이때 엄마 얼굴이 분노로 가득 차 있거나 짜증 섞인 표정이라면 아이는 말을 하면서도 죄책감을 가질 수 있습니다.

피해의식이나 열등감 같은 방어기제는 누군가와 싸웠을 때 부모가 어떤 태도로 아이를 받아주었는지에 따라 결정되는 위험한 요소입니다.

4단계_아이들끼리 결론 내리게 하기

각자 자신의 이야기를 하는 동안 상대 아이는 듣게 됩니다. 이때 주의할 것은 엄마가 절대로 심판자의 역할을 하면 안 된다는 사실입니다. 심판자는 반드시 어느 한 명의 편을 들게 되어 있으니까요. 둘의 싸움은 아이들이 스스로 해결하도록 도와주어야 합니다. 처음에는 서툴지 몰라도 이런 일들이 쌓이게 되면 학교생활을 할 때도 훌륭한 리더로서의 역할을 하게 되지요.

"엄마는 이안이의 이야기도 잘 들었고, 수아의 이야기도 잘 들었어. 이제 너희들끼리 어떤 방법으로 이 물건을 잘 사용할 수 있을지 생각해서 결정해 봐. 엄마는 너희들이 좋은 결정을 할 수 있을 거라고 믿어."

이런 식으로 말하면 아이들이 스스로 방법을 찾아내어 문제를 해결합니다. 그러므로 절대 아이들의 문제에 깊이 개입해서는 안 됩니다. 이런 행동 하나하나가 아이의 자기 주도성을 죽이느냐 살리느냐의 문제와 직결된답니다.

아이들의 싸움에서 부모가 절대로 하지 말아야 할 일이 있습니다. 둘 사이에서 심판자 역할을 하여 한 아이를 사과시키는 것입니다. 부모가 사과를 시키면 아이는 자신의 감정에 충실하지 못한 셈이 되므로 자존감이 떨어지게 됩니다. 아이 스스로 깨닫지 않고 억지로 하는 사과는 두 아이 모두에게 독이 될 뿐이지요.

아이들이 싸울 때 부모가 해서는 안 되는 말들을 알아볼까요?

1 "네가 먼저 사과해!"

2 "또 싸울 거야, 안 싸울 거야?"

3 "잘~한다. 니들은 만날 싸우니?"

4 "그럴 거면 둘 다 하지 마!"

5 "그렇게 싸우면 다음부터는 안 사준다!"

아이들은 싸울 수 있습니다. 그 싸움을 어떻게 풀어가도록 도와주느냐가 부모가 고민할 문제지요. 싸움을 잘 해결하면 아이들은 질투와 싸움을 통합하는 능력이 생긴답니다.

형제자매를 경쟁자로 삼을지, 동반자로 삼을지는 아이가 선택해야 하지만, 부모의 건강한 양육 태도가 결정적인 영향을 미친다는 사실을 잊지 마세요.

심리학자인 브로디는 "아이들 사이에 생기는 부정적인 상호작용은 부모를 통해 발생한다."라고 했습니다. 형제자매 간의 감정이 성인이 되어서도 지속된다는 사실을 깨닫는다면 부모는 욱 하고 올라오는 감정도 건설적인 방향으로 바꿀 수 있을 것입니다. 그러므로 아이들의 싸움에 부모가 휘둘리지 말고, 부모의 감정부터 조절하는 것은 육아에 절대적으로 필요한 일이지요.

만약 아이들 때문에 힘들다면 다음 사항을 꼭 기억해 두세요.

하나, 아이에게 솔직해지기

간혹 아이에게 '미안해.'라는 말을 하는 데 익숙하지 못한 부모가 있습니다. 부모가 아이에게 미안하다는 말을 하는 것은 지극히 자연스러운 일인데 말입니다. 친구에게 잘못했을 때 사과하는 것처럼 아이에게도 사과해야 합니다. 아이도 수평 관계에 있는 소중한 인격체이기 때문이지요.

둘, 아이를 '사랑'으로 바라보기

아이가 이상 행동을 보인다면 "엄마, 나 좀 사랑해 줘."라고 말하고 있는 것입니다. 어떤 아이는 동생을 물기도 하고, 또 어떤 아이는 바지에 오줌을 싸기도 합니다. 밥을 갑자기 많이 먹는 아이도 있고, 이와 반대로 먹는 것을 거부하는 아이도 있습니다.

모두 다른 행동을 하고 있지만, 아이의 속마음은 하나입니다. 만일 아이가 미운 행동을 계속한다면 부모가 주는 '사랑'의 양과 질을 꼭 확인해 봐야 합니다. 어른이든 아이든 최고의 치유약은 '사랑'이니까요.

셋, 긍정의 경험을 많이 하기

'Big hug', '몰래 데이트', '편지 쓰기' 등 엄마가 아이에게 사랑 표현을 많이 함으로써 긍정의 경험을 주어야 합니다. 꽉 껴안아주며 사랑한다고 말하는 것도 어렵지 않게 할 수 있는 사랑 표현입니다. 마음만 있다면 방법은 얼마든지 있답니다. 색종이나 비밀노트, 포스트잇 등에 사랑을 표현하는 말을 적어 숨은보물찾기를 하는 것도 재미있습니다.

긍정의 경험이 쌓이면 아이의 자존감은 하늘 높은 줄 모르고 올라가지요. 어릴 때 키워진 자존감은 아이의 성장에 크나큰 밑거름이 된다는 것을 기억하세요.

넷, '행복한 순간'을 기록으로 남기기

토크쇼의 여왕인 오프라 윈프리가 지옥의 나날을 헤쳐 나올 수 있었던 계기는 매일 감사일기를 썼기 때문이라고 합니다. 나의 행복한 순간순간을 기록하다 보면 힘든 일도 이겨낼 수 있는 내면의 힘이 생기게 되지요. 글로 쓰기 어렵다면 블로그나 인터넷 카페 등을 이용할 수도 있습니다.

다섯, 물 흐르듯 사랑도 흐르게 하기

물 흐르듯이 첫째아이가 둘째아이에게 사랑을 흘려보낼 수 있도록 도와주세요. 그러기 위해서는 '어떻게 하면 첫째아이를 많이 사랑해 줄까?' 하는 행복한 고민에 빠져보아야 합니다. 혼자서 하기 힘들다면 주변의 비슷한 상황의 친구나 배우자와 함께 해보면 효과적입니다.

여섯, '나'만 힘든 것이 아님을 기억하기

둘째아이가 태어나고 나서 힘들지 않은 엄마는 없습니다. 만약 짜증이 난다면 '내가 지극히 정상이구나.'라고 생각해야 합니다. 다만, 힘든 것을 말할 상대가 필요합니다. 남편이든 형제자매든 힘든 육아를 하는 것에 대한 위로와 공감을 받아보세요. 공감을 주고받으면 힘든 시기를 이겨낼 수 있습니다.

일곱, 죄책감을 훌훌 털어내기

첫째아이에 대한 미안함으로 잠든 첫째아이 옆에서 눈물로 용서를 구한 경험은 누구에게나 있을 것입니다. 다시는 아이의 마음을 아프게 하지 않겠노라며 다짐을 하지만, 다음 날이면 머릿속에 지우개가 있는 것처럼 까맣게 잊고 또 첫째아이의 마음을 아프게 하지요. 이런 날들이 반복되면 커다란 죄책감이 가슴을 짓누르게 됩니다. 이럴 때는 하나만 기억해 두세요. '내 아이에게는 내가 최고의 엄마다!'라는 사실을요.

이안이가 어느 날 엄마에게 이런 이야기를 들려주었습니다.

"엄마, 나는 하늘나라에서 좋은 엄마가 없을까 하고 찾고 있었어. 그런데 엄마가 딱 눈에 보이는 거야. 착하고 예쁜 엄마가 너무 마음에 들어서, 하나님한테 저 엄마에게 보내달라고 했더니 보내주셨어."

편지 쓰기는 쉽게 할 수 있는 사랑 표현법이다.

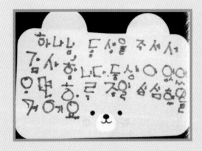

엄마로서 완벽하지 않아도, 엄마로서 많이 부족해도 이렇게 예쁜 아이에게 선택받은 대단한 엄마입니다. 이 세상의 모든 엄마가 그렇지요. 그러니 자신을 자꾸 잡아채는 죄책감은 이제 멀리 던져버리세요. 내 아이에게는 내가 최고의 엄마입니다.

부모가 힘들어하면 아이도 마음이 힘듭니다. 그러니 부모의 행복이 먼저지요. 이왕이면 아이와의 관계, 나 자신과의 관계, 남편이나 아내와의 관계 속에서 행복을 찾고 만드는 것은 어떨까요? 그것이 바로 진정한 행복의 길이랍니다.

03

우리 아이 공감의
아이콘을 만드는
'공감 육아법'

Story 01

아이의 진짜
속마음을 알아주는
공감법

요즘은 '공감의 시대'라고들 말합니다. 누가 내 마음을 알아주는 것이 얼마나 좋은 것인지를 보여주는 단적인 표현이지요.

'나는 너의 마음을 알고 있어.'라는 말의 위력은 생각보다 큽니다. 일례로 병원에 가면 의사가 내 아픈 것을 알아주면서 "그동안 많이 아프셨겠네요." 하면 그 병원은 그날로 단골 병원이 됩니다.

요즘은 '공감'과 관련된 프로그램도 상당히 많습니다. 그런 다양한 프로그램이나 강연 등을 통해 가장 적절하게 배워오는 말이 바로 '~구나!'입니다.

그런데 공감을 제대로 받아본 경험이 별로 없는 우리 세대에서 공감을 제대로 하기란 생각보다 쉬운 일이 아닙니다. 그래서 '~구나!'를 사용해도 아이들은 "엄마! 구나 구나 좀 그만 하세요!" 하고 화를 내는 경우가 있습니다. 그러면 부모는 당황하게 되지요. 내가 공감을 배워서 잘하는 것 같은데, 아이는 공감의 방법이 틀렸다고 하니까요.

여기서 알 수 있는 사실은, 공감은 단지 언어적인 기술만으로 할 수 있는 게 아니라는 것입니다. 공감을 잘하기 위해서는 먼저 그 상황에서 아이의 '진짜 속마음'을 알아챌 수 있어야 합니다.

다음은 두 가지 상황입니다. 어떤 표현이 더 공감을 잘하고 있는 지 살펴볼까요?

사례1

1. **아이** (몸을 비비 꼬면서) 엄마, 나 게임 30분만 더 하면 안 될까?
   엄마 게임을 더 하고 싶구나.

2. **아이** (몸을 비비 꼬면서) 엄마, 나 게임 30분만 더 하면 안 될까?
   엄마 엄마가 안 된다고 할까 봐 눈치가 보이는구나.

사례2

1. **아이** 엄마, 주사 꼭 맞아야 돼?
   엄마 주사 맞기 싫구나.

2. **아이** 엄마, 주사 꼭 맞아야 돼?

   엄마 주사가 아플까 봐 겁나는구나.

두 가지 상황에서, 아이 입장이라면 첫 번째보다는 두 번째가 '진짜 속마음'을 읽어주었다고 생각할 것입니다. 공감이 어려운 이유가 여기에 있습니다. 아이의 상황을 잘 살펴본 뒤에 진짜 속마음을 읽어줘야 제대로 된 공감이라고 할 수 있기 때문이지요.

엄마가 진심으로 내 마음을 알아주려는 것인지, 공감해 주는 척만 하는 것인지 아이는 금방 알 수 있습니다. 엄마는 어색함을 참아가며 노력하는데, 아이는 그 어색함 속에서 진정성을 감지하지요.

진짜 속마음을 읽어주는 것은 생각보다 어렵습니다. 자신의 감정을 들여다보는 일에 익숙하지 않기 때문입니다. 그래서 다음 대화 사례를 통해 좀 더 쉽게 공감하는 방법을 알아보려고 합니다.

사례3

1. **아이** 엄마, 형아가 나 주먹으로 팔 때려서 아파! 으앙~

   엄마 팔이 아프구나.

2. **아이** 엄마, 형아가 나 주먹으로 팔 때려서 아파! 으앙~

   엄마 형아가 주먹으로 팔을 때려서 아프고 화가 나는구나.

이 사례에서 두 가지 사실을 알 수 있답니다.

첫째는 아이에게 공감해 주기 위해서는 '아프다'라는 사실에 더해서 '화가 난다'라는 감정까지 읽어줘야 한다는 것이지요.

둘째는 사실과 감정만 읽어주는 것이 아니라, 현재의 상황을 앞에 조금 설명해 주어야 한다는 것입니다. 이를테면 '형아가 주먹으로 팔을 때려서'처럼 말이지요.

이 두 가지만 지키면 아이는 '우리 엄마가 나에게 관심이 있고, 나를 위로해 주는구나!'라는 친밀감을 느끼게 됩니다. 아이가 원하는 것은 부모가 문제를 해결해 주는 것이 아니라, 그저 자신의 감정을 알아줬으면 하는 마음뿐이라는 사실을 안다면, 부모는 지금보다 마음에 여유가 생길 것입니다.

사람의 내면은 신비로워서 따뜻하게 채워질수록 더 단단해집니다. 이것이 바로 '내면의 힘'이지요. 내면의 힘이 채워진 아이는 스스로 문제를 해결할 능력이 있습니다. 이것이 바로 공감의 핵심이기도 합니다.

부모는 얼마나 아이에게 제대로 된 공감을 하고 있을까요? 공감받은 경험이 없어서 아이에게 공감하는 것이 어렵게만 느껴지나요? 그런 마음에 아이의 마음과 멀어지고 있는 것은 아닌지 생각해 봐야 합니다.

'슬프다', '힘들다', '속상하다', '당황스럽다', '두렵다', '무섭다', '긴장되다',
'걱정되다', '우울하다', '외롭다', '서럽다', '허무하다', '실망스럽다', '화나다',
'불쾌하다', '짜증나다', '원망스럽다', '분하다', '억울하다', '미안하다',
'부끄럽다', '창피하다', '불안하다', '초조하다', '후회스럽다'

우리가 실제로 사용하는 감정 표현의 어휘들입니다. 하나하나 입
으로 익혀두었다가 아이의 마음이 불편한 상황일 때 짐작하여 마
음을 읽어주는 연습을 해보세요. 아이는 자신의 진짜 속마음을 알
아주었다는 사실만으로도 엄마에게 고마워하고 진한 사랑을 느낄
것입니다.

다음은 아이에게 공감할 때 실수하기 쉬운 오류에 대해 살펴볼
까 합니다.

학교에서 돌아온 아이가 담임선생님의 욕을 하는 상황입니다. 초
등학교 고학년부터 청소년 아이들에게 흔히 일어나는 실제 대화
내용이기도 하지요.

사례4

아이 엄마! 아, 짜증나. 우리 담임선생님은 나만 미워해! 짝꿍이랑

같이 얘기했는데 나한테만 뭐라고 해. 우리 담임 진짜 싫어!

156

엄마 담임선생님이 너만 미워해? 뭐 그런 담임이 있냐? 진짜 짜증 나겠다!

사례5

아이 엄마! 아, 짜증나. 우리 담임선생님은 나만 미워해! 짝꿍이랑 같이 얘기했는데 나한테만 뭐라고 해. 우리 담임 진짜 싫어!

엄마 짝꿍이랑 같이 얘기했는데 너한테만 뭐라고 해서 진짜 속상했겠다!

사례4의 엄마도 사례5의 엄마도 최선을 다해 아이에게 공감해 주려고 노력하고 있습니다. 그러나 사례4의 경우, 아이 편을 들어 공감해 주고는 있지만 담임선생님을 욕하고 있으므로 두 가지 위험성을 안고 있습니다.

첫째는 담임선생님에 대한 아이의 신뢰감을 떨어뜨릴 수 있습니다. 아이는 일시적으로 감정이 올라가 있는 상태라 담임선생님께 서운할 뿐입니다. 그런데 엄마가 자신과 함께 담임선생님을 욕했기 때문에 담임선생님이 잘해 주는 상황이 오면 마음이 불편하게 되지요.

둘째는 아이의 감정 상태를 엄마의 문제로 가져와 엄마가 흥분했기 때문입니다. 이것은 제대로 된 공감이 아닙니다. 공감은 아이의 진짜 속마음을 알아주는 것이지, 엄마가 같이 분노하는 것이 아니랍니다. 이런 상황이 올 때에도 상황 설명을 조금 한 뒤 아이의 감정을 읽어주면 아주 훌륭한 공감이 될 수 있지요.

아이의 사소한 상황에서 공감이 채워지면 그 공감은 넘치는 잔처럼 타인에게로 향합니다. 배려받은 사람은 배려를 주고, 사랑받은 사람은 사랑을 주게 되어 있으니까요. 아이의 공감이 부모에게 향하는 순간, 엄마의 마음에도 치유가 일어납니다.

사랑은 본능이지만, 사랑 표현은 배워야 한다는 말이 있습니다. 제대로 된 공감 실천은 오늘부터!

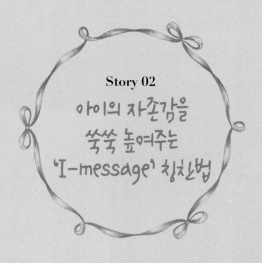

Story 02

아이의 자존감을
쑥쑥 높여주는
'I-message' 칭찬법

부모는 아이의 행동에 '반응'을 보여줌으로써 사랑을 표현합니다. 아이는 부모의 반응을 사랑이라고 믿지요. 반응을 아끼는 부모 밑에서 자란 아이는 성인이 되어서도 자신만의 방식으로 사랑을 표현하게 되므로, 상대방이 그 표현 방식을 이해하고 받아들이기까지 엄청난 에너지를 소모해야 합니다.

아이의 모습에 대한 부모의 긍정적 반응이 '칭찬'이라면, 어린 시절 부모의 칭찬이 아이의 일생에 얼마나 큰 영향을 끼치는지 어렵지 않게 짐작할 수 있습니다.

그동안 우리가 받아왔던 칭찬에는 "잘했어!", "넌 최고야!" 등의 평가가 들어간 칭찬이 있었습니다. 칭찬이 때로 독이 되는 이유가 여기에 있지요. 칭찬이든 공감이든 언어와 몸짓, 표현의 근본적인 목적은 '관계의 진정성'에 있습니다. 타인의 마음을 사기 위해, 나의 이미지를 좋게 하기 위해, 혹은 내 생각대로 조종하고 싶은 욕심으로 우리는 얼마나 많이 칭찬과 공감을 왜곡해서 사용하고 있을까요.

아이가 예쁜 편지를 주었을 때 "우리 딸(아들) 편지 너무 잘 썼다!"보다는 "우리 딸(아들)이 이렇게 예쁜 편지를 주니까, 엄마가 사랑받고 있다는 생각이 들어서 너무 행복해!"라고 말해 보세요.

아이가 장난감 정리를 잘해 놓았을 때 "우리 아들(딸) 장난감 잘 치웠네! 아이고, 착해라."보다는 "우리 아들(딸)이 장난감을 잘 치워 놓으니까 엄마가 쉴 수 있어서 정말 편하고 좋아."라고 말해 보세요.

언니와 동생이 잘 놀고 있을 때에는 "너희 둘이 그렇게 잘 놀면서 행복해하니까 엄마가 너희들을 잘 키웠다는 생각이 들어서 정말 뿌듯하구나!" 하면서 환하게 웃어보세요.

아이들도 엄마의 과장되고 왜곡된 칭찬보다는 진짜 속마음이 들어간 칭찬을 친밀하게 느낍니다. 마음과 마음 사이에도 거리 개념이 있기 때문이지요. 할아버지의 집을 그린 아이가 좀 시무룩한 표정으로 엄마에게 그림을 보여주었습니다. 그런데 엄마가 "이야~ 아주 잘 그렸네!"라고 말한다면 아이는 "이건 아주 형편없는 그림이야!"라고 반응하면서 더 상심할 수 있습니다. 이럴 때는 무턱대고 칭찬하기 전에, 아이의 표정을 먼저 알아차리는 것이 중요하지요.

그러므로 공감과 칭찬은 밀접한 관계라는 것을 잊지 말아야 합니다. 아이의 표정에 먼저 공감해 준다면 아이는 그림의 평가를 떠나서 부모가 자신에게 진심으로 관심이 있다는 사실을 깊이 느끼게 됩니다. 아이는 엄마의 과장된 칭찬을 원했던 것이 아니라, 자신의 마음이 어떤지 알아주었으면 해서 시무룩한 표정으로 그림을 보여주었을 테니까요.

이것이 모든 언어 사용의 핵심입니다. 입에서 나오는 대로 말하는 것이 아니라, 타인에 대한 마음의 연결을 언어로 표현하는 것이지요. 그렇게 하기 위해서는 상대를 '존중'하는 마음이 기본이 되어야 합니다.

제대로 된 칭찬을 하기 위해 간단한 공식을 만들어보았습니다.

1 아이의 구체적인 행동(이안이가 동생하고 잘 놀아주니까)

2 엄마에게 미치는 구체적인 영향(엄마가 이안이를 잘 키웠다는 생각이 들어서)

3 엄마의 기분, 감정(너무 기쁘고 뿌듯하구나)

→ "이안이가 동생하고 잘 놀아주니까 엄마가 이안이를 잘 키웠다는 생각이
   들어서 너무 기쁘고 뿌듯하구나!"

순서는 바뀌어도 상관없습니다. 단, 2번에서 정말 엄마 자신의

솔직한 마음, 엄마에게 미치는 구체적인 영향이 무엇인지를 넣어서 칭찬으로 활용해 보세요. 아이 자신의 행동이 엄마에게 구체적인 어떤 영향을 주었다면 아이가 느끼는 뿌듯함은 순수한 감정일 것입니다. 이때만큼 우리 큰아이도 환하게 웃었던 적이 없었던 것 같습니다. 그 뿌듯한 웃음을 아직도 기억하고 있으니까요.

여름 방학 영어캠프에 참가했던 큰아이가 예쁜 원피스를 입고 등교했습니다. 그러자 원어민 선생님께서 이런 칭찬을 해주었다고 합니다.

"Oh~ I like your dress!"

우리는 보통 "이야~ 그 드레스 예쁘네."라고 말합니다. 그런데 원어민 선생님은 'I-message'로 자연스럽게 칭찬을 했다는 겁니다. 이 이야기를 아이에게서 전해 듣고서 그동안 나도 모르게 했던 칭찬의 방법에 대해 많은 생각을 하게 되었습니다.

'칭찬'은 은연중에 자신의 '우월감'과 '위치성'을 포함하고 있기도 합니다. 이런 칭찬만큼 기분 나쁜 칭찬도 없습니다. 다른 사람이 자신의 결과물이나 재능, 능력 등을 칭찬할 때 평가가 들어간 칭찬을 어렵지 않게 듣게 됩니다.

보통 윗사람에게 이런 칭찬을 들으면 문화의 특성상 그런대로 괜찮지만, 아랫사람이나 그 분야에서 나보다 못하다고 생각했던 사람에게 들을 때는 은근히 불쾌했던 경험이 한번쯤은 있을 겁다. 반대로, 그런 칭찬을 하게 되는 내 마음속에는 내가 우월하다는 무의식의 '위치성'을 갖고 있기도 하지요.

그렇기 때문에 칭찬을 'I-message'로 하는 것은 우리의 관계가 수직이 아니라 수평임을 인식하게 하는 가장 좋은 방법입니다. 자신의 의도와는 달리 칭찬이 상대방에게 다른 의미로 들리지 않는지 그 방식을 다시 한 번 점검해 봐야 합니다.

아이가 무언가를 성취했을 때 "잘했어, 최고야!"라는 말보다는, "정말 축하해! 엄마도 너무 기쁘구나!"라고 말한다면, 아이는 스스로의 성취감으로 자존감을 높여갈 것입니다. 아이가 원하는 것은 단지 기분 좋은 칭찬이 아니라, 부모와 깊이 연결되어 있다는 '친밀감'이 아닐까요. 아이의 자존감을 높여주는 올바른 칭찬은 아이와의 정서적 거리를 한 뼘 더 가깝게 한답니다.

만약 그동안 해왔던 칭찬에 '평가'가 들어 있었다면 아이는 자신이 잘한 것만 부모에게 드러내려고 할 것입니다. 이것은 반대로 좌절을 경험했을 때 부정적인 평가를 받을지도 모른다는 불안을 낳게 됩니다. 그래서 성취하지 못한 것에는 위로를 받고 싶어도 부모에게 말을 못하고 숨기게 되지요. 이렇듯 보여지는 '나'와 있는 그대로의 '나' 사이에 괴리가 생기면 아이는 부모의 눈치를 보게 됩니다.

그렇지만 칭찬! 잘만 하면 아이와의 관계를 좋게 하는 최고의 방법이 될 것입니다.

Story 03

"엄마는
너의 말을 잘 듣고
있단다."라는
말의 기적

국어 교과서에 나오는 '경청'에 대한 수업 내용을 준비하기 위해 동영상을 이것저것 찾던 중 '눈맞춤의 힘'이라는 영상을 보게 되었습니다. 경청을 할 때 '눈맞춤'의 힘이 얼마나 큰지를 보여주는 영상이었지요.

일종의 심리 보고서였는데, 생면부지의 남녀를 두 집단으로 나누어 한 집단은 2분간 서로의 눈빛을 바라보며 있게 했고, 다른 한 집단은 아무런 지시 없이 그냥 있게 했습니다. 당연한 결과지만, 서로의 눈빛만 바라보았는데도 호감도가 상승했답니다.

우리 부모 세대는 바빠서 자녀인 우리에게 등을 보이거나 옆을 보일 때가 많았습니다. 나는 엄마의 얼굴과 눈빛을 바라보면서 이야기를 하고 싶었지만, 엄마를 일에 빼앗겨서 좀처럼 그런 기회는 오지 않았습니다. 어렸던 나는 엄마의 얼굴을 함부로 돌릴 수 없었습니다. 일찍 철이 들어 눈치가 빠르게 클 수밖에 없던 세대였으니까요.

그래서일까요. 나는 자라면서 친구의 눈을 잘 쳐다보지 못했습니다. 친하게 지내는 친구와 대화할 때도 눈을 보면 어색하고 민망한 마음이 들어 다른 곳을 바라보면서 이야기를 했습니다. 나중에야 친구가 그 이야기를 꺼냈을 때는 "응, 나도 잘 아는데, 상대방의 눈을 쳐다보는 게 잘 안 되네."라고 말했던 기억이 납니다.

아이가 태어나고 아이의 눈빛을 바라보았던 순간, 낯설음과 어색함을 뚫고 강한 빛이 나의 눈에 닿는 신기한 경험을 했습니다. 처음으로 느껴보는 강렬한 느낌이었지요. 사람의 눈을 바라보는 것이 얼마나 따뜻하고 부드럽고 온화하고 행복하고 온 마음을 담은 행위인지 깨닫는 순간이었습니다. 나도 다른 사람의 눈을 오래도록 맞추면서 정서를 주고받을 수 있는 능력을 갖고 있음을 알게 되기도 했고요.

눈맞춤만으로도 아이 내면의 불안감이 녹아들고, 이름 붙일 수 없는 힘겨운 감정들이 사라집니다.

절망스러운 일로 좌절했을 때 눈맞춤이 얼마나 큰 힘이 되는지를 안다면, 아마 그랬다면 우리 엄마도 나에게 자주 눈맞춤을 해주었을지 모릅니다. 내가 "엄마!" 하고 부르면서 달려갈 때마다 하던 일을 잠시 멈추고 나를 두 팔로 반기면서 내 얼굴을, 내 눈을 바라보며 환영해 주었을지도 모릅니다. 내가 말도 못하게 슬픈 표정을 지을 때마다 내 눈을 물끄러미 바라보면서 먼저 말을 꺼내기를 기다려 주었을지도 모릅니다. 내가 울음으로 힘든 마음을 표현할 때, 왜 우냐고 다그치지 않고 눈물 가득한 내 눈을 바라보면서 괜찮다고 말해 주었을지도 모릅니다.

우리 엄마는 몰랐을 뿐입니다. 나는 이제 알고 있습니다. 그래서 아이에게는 나의 상처를 물려주고 싶지 않습니다. 아이와 첫 눈맞춤을 한 그날 이후, 나는 아이 덕분에 사람들 눈을 잘 쳐다보지 못하는 상처가 치유되었습니다.

아이에게 위로가 필요할 때는 엄마의 눈빛을 선물해 보세요. 그 눈빛에 '나는 너의 말을 잘 듣고 있단다.'라는 메시지를 담아보는 거예요.

엄마가 눈맞춤을 해주었다고 해서 아이의 슬픔이 사라지는 것은 아닐 겁니다. 엄마가 아이의 말을 기꺼이 들어준다고 해서 그 문제가 사라지지 않을지도 모릅니다. 그러나 눈맞춤 자체는 문제 해결 이상의 힘을 갖고 있습니다. 아이 스스로 문제를 해결할 수 있는 내면의 힘을 찾게 되는 것이지요. 엄마의 위대함은 바로 이런 것입니다.

엄마가 아이의 인생을 대신 살아줄 수는 없지만, 살아갈 힘을 기를 수 있게끔 사랑을 줄 수는 있습니다. 엄마가 아이의 문제를 대신 해결해 줄 수는 없지만, 그 아픈 문제에도 불구하고 다시 일어설 수 있는 용기가 생기도록 마음을 다독일 수는 있습니다.

아이의 삶을 아이가 살아갈 수 있도록 이끄는 기적, 바로 '나는 너의 말을 잘 듣고 있단다.'라는 메시지가 가득 담긴, 엄마의 따스한 눈맞춤의 힘입니다.

Story 04

부모와 아이 사이의
경계가 분명하면
관계도 좋아진다

엄마가 되면서 겪는 어려움 중 하나는 문제가 있을 때 '엄마가 언제 개입해야 하나?' 하는 타이밍에 대한 부분입니다. 많은 육아서에서 얻은 귀한 지혜는 아이들의 생명에 지장을 주지 않는 선, 남에게 피해를 주지 않는 선에서는 아이를 끝까지 기다려 줄 수 있어야 한다는 것이었습니다. 이 경계를 어느 정도 인식했다는 것만으로도 엄마 마음의 기준이 넓어지면서 얼마나 편해지는지요.

그러나 가끔은 이런 판단이 쉽지 않을 때를 만나게 됩니다. '성적'과 '학력'을 중시하는 대한민국에서는 '아이의 생명에 지장을 주지 않는 선, 남에게 피해를 주지 않는 선'이라는 기준이 기름처럼 동동 떠다니는 듯한 느낌을 받지요.

많은 엄마들이 결혼 생활과 육아를 힘들어하는 이유는 자신의 문제뿐 아니라, 아이 문제도 자신의 문제, 남편 문제도 자신의 문제, 심지어는 옆집 문제도 자신의 문제로 가져오기 때문 아닐까요? 문제를 누가 소유했는지 잘 분별할 수만 있어도 어깨에 짊어진 많은 문제들이 대부분 떨어져 나갑니다.

누구의 문제인지 가릴 수 있는 분별력은 우리 모두가 가지고 있지만, 그것을 적용하기 이전에 감정이 이성을 밀어내기 때문에 결코 쉬운 일이 아니지요.

다음 사례들을 볼까요?

1 아이가 시험점수를 30점 맞아서 속상해한다.

2 남편이 회사 일 때문에 힘들다고 인상을 쓰면서 집에 들어온다.

3 큰딸이 자기는 남자친구가 없다면서 우울해한다.

4 아들이 내일 캠프에 갈지 안 갈지 고민한다.

5 아이가 숙제를 안 하고 놀다가 잘 시간이 되어서야 숙제하면서 짜증을 낸다.

6 아침에 안 일어나는 아이를 깨우는 일이 너무 힘들다.

위 사례들은 대부분 엄마들이 힘들어하는 평소의 고민들입니다.

1번의 경우, 엄마의 바람에 못 미치는 아이의 성적 때문에 화가 납니다.

2번의 경우, '나도 힘든데 인상 쓰면서 들어오면 어쩌라는 거야.' 하는 생각에 불만입니다.

3번의 경우, '학생이 공부나 할 것이지 남자친구는 무슨!'이라면서 열받지요.

4번의 경우, 남자답지 못한 아들의 우유부단한 성격에 짜증이 납니다.

5번과 6번은 학교를 다니는 자녀를 둔 부모라면 대부분 경험하는 일이지요.

그러나 조금만 분별력 있게 생각해 보면 위의 문제들은 모두 엄마 자신의 문제는 아닙니다. 엄마가 자신의 문제로 가져오는 순간, 마치 이 문제들을 엄마 자신이 해결해 줘야 할 것이라고 생각하기 때문에 마음이 힘들어집니다. 누구의 문제인지 가리는 이유는 자신의 것이 아닌데도 불구하고 자신의 것으로 가져와 짊어지게 되면 둘 다 힘들어지기 때문입니다.

1번의 경우, 성적이 안 좋은 아이는 점수에 민감한 엄마의 눈치를 보며 혼날까 봐 걱정하느라 자신의 문제를 자기가 해결할 수 있다는 능동적인 생각을 하기가 어렵습니다.

2번의 경우, 회사 일이 힘들어 인상을 썼던 남편은 아내의 공감 한마디면 가정을 쉼터로 생각할 텐데, 같이 인상 쓰는 아내 때문에 가시방석에 앉아 있는 것 같습니다.

3번의 경우, 이성에게 한창 관심이 많은 딸아이는 자연스러운 발달 단계를 존중받지 못했다는 생각에 집에서 속마음을 열기가 힘들어집니다.

4번의 경우, 캠프에 갈지 말지 결정을 못하는 아들은 말 못할 사정이 있어도 엄마의 표정에 마음이 눌려버립니다.

가족의 문제를 모두 엄마 자신의 문제로 가져온다면 '공감'해 주고 싶은 마음이 생기지 않습니다.

특히 5번의 경우, 아이의 숙제는 선생님과 아이 둘 사이의 문제이지, 엄마의 문제가 아닙니다. 엄마가 중간에서 개입하면 아이는 '엄마'를 검열하는 존재로 만들게 됩니다. 엄마들은 말하지요. 아이의 공부 습관, 숙제를 해놓는 습관을 갖게 하기 위해서 엄마가 나서는 것이라고요. 그러나 '습관'이라는 것을 통제나 검열로 잡게 되면 자기 주도 학습의 개념은 결코 길러지지 않습니다. 통제나 검열은 인간 본성에 어긋나기 때문이지요.

6번에 대한 문제 역시, 아이에게 미리 "엄마가 아침마다 깨워야 하는 게 너무 힘드니까 일어날 시각만 알려줄게. 앞으로는 스스로 일어나서 준비하면 좋겠구나."라고 이야기를 한 뒤, 일어날 시각이 되면 그 시각이 되었다고 알려주기만 해도 충분합니다. 궁극적으로 '아침에 일어나는 일' 역시 엄마가 대신 해줄 수 있는 것이 아니기 때문이지요. 아이가 늦게 일어나서 지각한다면 그 경험으로 아이는 분명히 깨닫는 것이 있습니다.

아이의 문제를 엄마의 문제로 가져오지 않고 그저 들어주거나 공감해 주기만 해도 자신의 문제를 아이 스스로 풀 수 있는 기회를 주게 됩니다. 엄마가 되고 나니 가장 힘든 것은 '사랑'을 마음껏 주는 것보다 오히려 훈육을 어느 때 해야 하는 것인지에 대한 '경계가 없는 것'이었습니다.

우리 부모 세대가 사랑 표현을 아끼면서 훈육 위주의 양육을 했다면, 우리 세대에서는 그 반대의 현상이 나타나고 있습니다. 사랑만 많이 주고 좋은 경계를 주는 방법을 몰라서 그저 허용하기만 합니다. 그런데 충격적인 것은 권위적인 부모 밑에서 자라든 허용적

	사랑 ↑	
허용적인 부모 밑에서 자란 아이 기다리거나 양보할 줄 모르고, 미성숙, 반항적, 무책임하다.		**수용적인 부모 밑에서 자란 아이** 자아상이 긍정적이고 타인상도 긍정적이다.
	→ 훈육	
방치하는 부모 밑에서 자란 아이 질투, 투사, 피해의식, 사랑받지 못한 상처가 있다.		**권위적인 부모 밑에서 자란 아이** 반항적, 자율적이지 못하고, 부정적인 자아상을 갖고 있다.

인 부모 밑에서 자라든 결과가 거의 비슷하다는 사실입니다. 결국 집착과 방치는 동전의 양면처럼 연결되어 있는 것이지요.

일상의 상황들로 정서적 부담감이 가중되고 아이와 신경전을 벌이는 기간이 길어진다면 '이 문제는 누구의 것일까?'라는 질문을 스스로에게 던져보는 것은 어떨까요. 놀랍게도 자신이 안고 있는 문제들의 대부분이 다른 사람의 문제임을 깨닫게 될 것입니다. 그때부터 아이는 자신의 문제를 자기가 해결할 수 있는 힘을 갖게 될 것이고, 엄마 역시 자신의 삶을 멀리서 볼 여유가 생길 것입니다. 경계가 분명하면 관계가 쉬워지고 편안하며 건강해집니다.

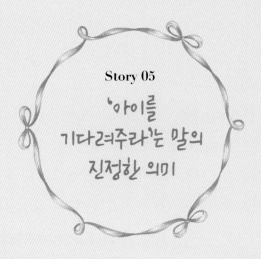

Story 05

'아이를
기다려주라'는 말의
진정한 의미

언제부터인가 우리나라에서 '상담'이라는 말을 어렵지 않게 만날
수 있게 되었습니다. 내 인생은 내 것인데, 아이러니하게도 지금 가
는 길이 맞는 것인지 '전문가'라는 사람들에게 묻고 싶어집니다.

부모가 되면 가장 힘들고 추상적으로 다가오는 말이 '기다려주
라'는 것입니다. 무엇을 기다려줘야 하는 것인지, 아이가 울면 기다
려줘야 하는 건지, 아이가 밥을 안 먹어도 기다려줘야 하는 건지,
아이가 구구단을 까먹어 수업시간에 힘들어하는데도 알아서 잘할
때까지 기다려줘야 하는 건지, 아이가 뒤처지는데도 기다리기만
하면 되는 건지 의미를 알지 못해 부모는 불안합니다.

기다린다는 말과 방치는 전혀 다른 말입니다. 정말 '아무것도 안

하고' 기다리는 것을 잘못 알고 오해하면 아이를 방치하게 되는 치명적인 오류를 범하게 되지요. 방치는 아이에게 최악의 육아입니다. 돌봄을 받지 못했으므로 아이에게는 버림받음과 같은 비중의 상처가 되지요. 우리는 '존중'이라는 경계와 '사랑'이라는 따뜻함을 함께 주어야 하는데, 기다림은 이 둘 사이의 묘한 경계점에 있습니다. 아마도 그래서 실체를 잡기 더욱 어렵겠지요.

아이가 만약 영어를 싫어하고 어려워하는데, 엄마가 그냥 기다리기만 한다고 해서 영어를 좋아하게 되거나 잘하게 되지는 않습니다. 아이가 텔레비전만 좋아해서 하루 종일 텔레비전을 끼고 있는데, 그저 기다리기만 한다고 해서 스스로 텔레비전을 끄지는 않습니다. 아이가 구구단을 몰라 수업시간을 재미없어하는데, 그저 기다리기만 한다고 해서 갑자기 그 수업시간을 즐기게 될 가능성은 희박합니다. 머리 감는 것을 싫어한다고 그냥 기다리기만 한다면 아이가 갑자기 머리를 감겨달라고 할 리는 만무합니다. 이럴 때의 진정한 기다림은 무엇일까요?

정답은 '환경은 엄마가, 선택은 아이가' 할 수 있게 배려해 주는 것입니다.

영어를 어려워서 싫어하는 거라면 아이의 관심사와 눈높이에 맞는 영어 환경을 마련해 주어야 합니다. 예를 들어 아이가 파란색을 좋아하고, 음식 중에서는 피자를 좋아하며, 장난감 중에서는 자동차를 좋아한다면 아이의 관심사와 관련된 쉬운 영어책을 찾아서 보여주는 것입니다. 단, 강요하지 말고 그저 환경만 주어서 선택을 아이가 할 수 있도록 배려해 주는 것이 바로 '기다려주기'입니다.

아이가 텔레비전을 많이 본다면 텔레비전 환경을 다른 환경으로 바꾸어주어야 합니다. 맛있는 것을 식탁 위에 두고, 절대로 먹지 말라고 하는 것은 아이에게 고문일 수 있습니다. 텔레비전을 아예 없애든, 정해진 시간만 보게 하든, 거실을 도서관처럼 만들어놓고 텔레비전은 안방으로 옮기든 텔레비전을 종일 보는 환경에서 벗어나도록 해야 하는 것입니다.

아이가 구구단을 몰라서 수업시간에 힘들어한다면 도와줄 수 있는 방법을 생각해 보아야 합니다. 화장실에 구구단표를 붙여두어도 되고, 아이에게 구구단 게임을 제안할 수도 있습니다.

아이가 머리 감는 것을 싫어한다면 그 이유가 고개를 숙일 때의 무서움 때문인지, 거품이 눈에 들어가는 것이 싫은 것인지 잘 물어보고, 환경을 변화시켜 보는 시도를 해보는 것이 좋습니다.

아이가 만약 성적이 안 나와서 고민하고 힘들어한다면 정보를 같이 알아봐주고, 선택은 아이가 할 수 있도록 배려해 주는 것이 '기다려주기'입니다.

부모가 기다려주기 힘든 이유는 선택도 늘 부모가 해주기 때문입니다. 아이에게는 좋을 것 같아서 선택을 해주지만 그것은 부모의 생각일 뿐입니다. 아이가 선택해야 할 문제를 부모가 선택하는 것은 존중이라는 경계를 침범하는 것이지요. 아이도 하나의 인격체로서 마땅히 자신의 것을 선택할 권리가 있습니다. 부모의 지나친 배려가 혹시 부모로서의 무의식적 우월감은 아닐까요. '나는 너보다 더 많은 것을 알고 있어. 그러니까 내 말 들어.'라는 메시지를 간접적으로 보내고 있지는 않는지 점검해 보아야 합니다.

엄마가 환경을 주는 것은 '사랑'입니다. 아이에게 선택권을 주는 것은 '존중'이지요. '기다림'은 사랑과 존중 사이에 있는 '믿음'입니다. 부모로서 아이를 믿는다고 하면서 얼마나 아이에게 환경을 마련해 주었는지 생각해 보아야 합니다. 아이를 기다린다고 하면서 얼마나 아이에게 선택권을 주었는지도 생각해 보아야 합니다.

아이가 삶의 어딘가에서 새로운 도전을 만날 때 '환경'이라는 사랑을 주세요. 아이는 막연했던 길이 갑자기 환해지는 것을 느낄 수 있을 것입니다. 아이가 그 사랑을 선택할 수도 있고 아닐 수도 있습니다. 그럴 때는 아이의 의지를 존중해 주세요. 아이는 분명 부모의 사랑도 알게 되고, 또 자신의 선택도 믿게 될 테니까요.

세상의 많은 위대한 사람들은 자기 자신을 믿을 수 있는 이유는 믿고 기다려준 부모 덕분이라고 말합니다.

'환경은 부모가, 선택은 아이가!'

오늘부터 시작해 보면 어떨까요.

Story 06

아이에게 '독립심'을
외치기 전에 엄마
먼저 독립하기

　엄마 품에만 있을 것 같던 아이가 어느새 자라서 유치원도 가고 초등학교도 갑니다. 중학교도 가고 고등학교도 가고, 그렇게 어른이 되어가겠지요. 유년기에 부모의 배려 깊은 사랑을 받고 자란 아이는 어떤 관문에 들어갈지라도 대견한 모습을 보입니다.

　그러나 초등학교에 들어가는 아이에게는 기관 생활을 하는 것이 첫 사회생활이기 때문에 힘들어할 때도 있지요.

　아이가 초등학교에 입학했을 때, 아침마다 제일 먼저 출근하는 엄마를 아직은 아쉬워할 나이여서 한마디씩 해주었던 기억이 납니다.

　"이안아, 오늘도 신나게 놀고 재미있게 지내다 오는 거야!"

　아무도 모르는 낯선 학교에서 온전히 아이 혼자서 스스로 관계를 맺어나갈 일들을 생각하니 처음 며칠은 걱정도 되었지만, 그냥 아이를 믿어주기로 했습니다. 잘할 거라고요.

아이의 입에서 하루하루 새로 사귄 친구의 이름이 나올 때마다 너무나 대견스러워 박수를 쳐주었습니다. 지나치게 관심을 가진다는 느낌을 주지 않으면서 엄마 아빠가 무한 인정과 지지를 보내고 있다는 균형적인 믿음을 보여주려고 노력했지요.

아이가 유치원생이 된다는 것은, 그리고 초등학생이 된다는 것은 엄마의 분리불안이 해결되어야 함을 의미합니다. 아이로부터 엄마의 마음이 독립되어도 불안하지 않아야 하는 것이지요.

아이에 대한 불안한 마음이 들 때마다 내가 있는 곳에서 나의 내면을 들여다보곤 했습니다. 당시 남자 중학교에서 근무하고 있을 때였는데, 많은 아이들이 지내는 학교라는 공간에서는 하루에도 몇 건씩 별일이 다 생깁니다. 아이들끼리 놀다가 다치는 건 다반사고, 아픈 아이들도 많고, 싸우다 다치는 일까지……. 뼈가 부러지거나 피가 나는 경우도 종종 있지요.

어른들의 마음으로는 안 일어났으면 하는 일들이 하루의 일상처럼 일어나는 모습들을 보면서 아이를 학교에 보낸 엄마로서의 불안감도 커졌습니다. 그러다 문득 '아이의 마음에서 생각해 보자.' 하는 생각이 들더군요.

안 일어났으면 하는 일이 일어날 때 건강한 아이들일수록 부풀려 생각하거나 겁먹지 않고 차분히 자신의 상황을 수습해 나갑니다. 이 경우 가장 필요한 것은 아이와의 소통입니다. 아이도 엄연히 자신의 입장이 있기 때문에 엄마가 감정적으로 문제를 다루게 되면 관계만 나빠질 수 있습니다.

그러므로 아이로부터의 '독립'이 필요한 거지요. 엄마가 당황하지 않기 위해서 꼭 필요한 마음이기도 합니다. 그렇게 할 때 더 바람직한 방향으로 문제가 수습되고 아이의 마음에 상처로 남지 않는 것을 여러 번 보았습니다.

아이를 믿어준다고 하면서 아직도 아이의 모든 것에 머물러 있지는 않은가요. 아이가 잘 성장했으면 하면서도 아이가 스스로 성장할 공간을 엄마인 내가 다 차지하고 있지는 않은지 점검해 봐야 합니다.

아파서 조퇴를 시켜줬는데 병원에 안 가고 게임만 하다가 다음 날 또 아픈 우리 반 아이를 보건실에 데려갔더니 보건선생님이 이렇게 말씀하시더군요.

"철수야, 너는 지금 어른이 되어가는 과정 중에 있는 청소년이야. 어른이 되는 게 그렇게 쉬운 줄 아니? 나의 몸을 잘 관리하는 것, 그게 참 어렵지? 그렇게 어려운 거야, 어른이 된다는 건."

우리 아이들, 유아기에서 어린이로, 어린이에서 청소년기로 성장한다는 게 몸만 크는 것은 아닐 것입니다. 성장통을 겪으며 다양한 경험을 통해야만 제대로 된 성장을 할 수 있지요.

엄마의 마음이 아이의 성장을 쫓아가느라 버거워하는 것이 아닌, 아이의 성장을 격려해 주고 응원해 주는 사랑을 주기로 마음먹어 봅니다. 성장하는 몸과 마음을 잘 관리할 수 있도록 내면에 여유를 주는 것이 우리 부모가 해야 할 일이니까요. 아이가 어떤 관문을 통과할 때마다 마음 깊은 곳에서 이렇게 외쳐보세요.

'우리 아이는 잘할 거야!'

그렇게 우리도 '때로는 엄마로서, 때로는 친구로서' 성장해 가고 있는 거라고 믿어봅니다.

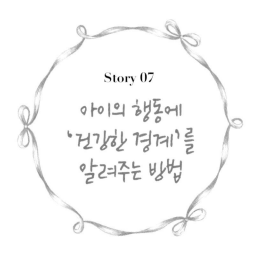

아이가 태어나서 낯가림을 하는 시기는 보통 생후 6개월부터라고 합니다. 그때부터 '엄마'와 '엄마가 아닌 존재'의 구분을 하기 시작하는 것이지요. 그래서 아이는 자주 보는 사람들에게만 '친근감'을 느낍니다.

'낯이 설다'는 말 그대로 시간이 필요한 용어입니다. 얼굴이 익으려면 여러 번 눈에 담아야 하니까요. 낯설어하는 순간에는 '으앙~' 울어버리는 게 아이의 감정 표현입니다.

부모에게서 감정을 존중받고 배려 깊은 사랑을 받으며 자란 아이는 자신의 감정에 솔직합니다. 자신의 감정에 솔직한 아이는 자신을 속이지 않기 때문에 '예의'를 차리는 것이 서툴고 힘들 수 있습니다. 자신의 마음은 낯선데 부모가 어른들께 인사를 하라고 하면 마음속에 거부감이 들기 때문입니다.

이런 아이의 낯선 감정을 존중해 주어야 합니다. 어른들께 인사하는 걸 어려워하는 아이에게 부모가 억지로 인사를 시키면 아이는 '낯설음'이 올라오는 순간에 자신의 감정을 억지로 참아내야 합니다.

만약 아이가 낯선 감정을 대수롭지 않게 여길 정도로 성장했거나, 처음 보는 사람들과도 친숙하게 지내는 성향이라면 부모가 "인사드리자."라고 말해도 아무런 문제가 되지 않습니다. 아이는 그런 행동이 타인에 대한 예의이며 친근감의 표시라는 것을 받아들이기 때문이지요.

많은 부모들이 자녀들에게 '경계'를 알려주고 싶어 합니다. 그러나 사실 우리 부모들이 가장 어려워하는 것이 바로 이 '경계선'입니다. 부모 자신조차 제대로 알고 있지 못하는 것을 자녀에게 가르쳐주기란 얼마나 모순된 행위인지요. 마치 '옳고 그른 것'이 없는 감정에도 '맞다, 틀리다'로 규정하여 강요하는 것과 같습니다.

전통 혼인 문화에서 부모가 사랑하지 않는 사람과 결혼하라고 하는 것은 자녀에게 한 최고의 횡포가 아니었을까요. 심지어 한 번도 얼굴을 보지 못한 사람에게 시집가라 장가가라 했으니, 그 문화를 숙명처럼 받아들인 그 시대 사람들은 정말 대단해 보이기까지

합니다.

우리가 부모로서 아이에게 건강한 경계를 알려주고 보여주기 위해 가장 먼저 해야 할 일은 아이의 감정을 존중해 주는 것입니다. 감정은 가르치는 것이 아니라, 저절로 느끼는 것이니까요.

1 감정은 섬세하게 존중해 주기
2 행동은 직접 보여주기
3 선택은 아이가 하게 하기

이 세 가지는 아이를 기를 때 꼭 필요한 단계이며, 필수적인 요소입니다. 이 중에서 어느 한 가지라도 틀어지면 부모의 마음이 힘들어지고 아이의 마음은 억압되어 엉뚱한 곳에서 터지게 되어 있습니다.

할아버지 할머니 댁에 자주 갔는데도 아이가 인사를 안 한다면 아이에게 이야기해 주세요. 어른에게는 인사를 하는 것이 예의라고 부드럽게 말해 주면 됩니다. '예의' 자체를 알려주는 것이 억압은 결코 아니니까요.

어른에게 인사를 하는 것이 예의라고 알려준 뒤, 부모가 자연스럽게 인사하는 모습을 보여주면 됩니다. 그러고 나서 아이 행동에 대한 선택은 아이가 할 수 있게끔 기다려주세요.

육아는 물 흐르듯 가볍게 해야 합니다. 알려주었는데도 인사를 안 한다고 부모가 화를 내서는 안 됩니다.

편안한 육아는 가벼운 육아입니다. 부모가 자기 자신에게 결계를 풀어주는 행위이지요. 이 세상에서 아이가 하는 행위 중에 '절대로' 안 되는 것은 없다는 것을 있는 그대로 받아들인다면 지금의 육아가 한층 가볍고 자유로울 것입니다.

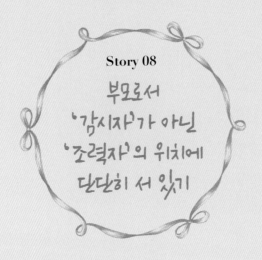

Story 08

부모로서
'감시자'가 아닌
'조력자'의 위치에
단단히 서 있기

　어느 방송에서 부모들에게 어떤 부모가 되기를 원하느냐는 질문을 했습니다. 그랬더니 '좋은 엄마', '친구 같은 아빠', '힘들 때 도움을 줄 수 있는 부모', '아이가 필요로 할 때 곁에 있어주는 부모'가 되고 싶다고 말하는 것을 본 적이 있습니다. 아마도 이 마음이 모든 부모들의 마음일 거예요. 나에게서 생명을 얻은 귀중한 아이를 응원해 주고 지지해 주고 사랑을 주고 싶은 마음 말입니다.

　육아가 힘든 이유는 아이를 응원해 주고 싶은데, 상황에 따라 그 위에 무언가 다른 마음이 급하게 깔리기 때문입니다.

　나는 아이가 바지에 실수를 했을 때 '좋은 엄마'가 되어줄 수 없었습니다. '좋은 엄마'가 되고 싶었던 그 마음 위에 갑자기 다른 마음이 끼어들어 화가 났기 때문이지요. 그리고 아이가 동생 물건을 가져가 동생을 울렸을 때도 '아이가 필요로 할 때 곁에 있어주는 부모'가 되어줄 수 없었습니다. 그 마음보다 더 일찍 다른 마음이 올라와 화가 났기 때문이지요.

부모는 아이에게 도움을 주는 조력자가 되고 싶어 하지만, 정작 어떤 상황에서는 조력자가 아니라 감시자로 서 있을 때가 많이 있습니다.

아이를 사랑한다고 하면서도 마음에 들지 않는 행동을 할 때는 어김없이 보는 눈이 달라집니다.

아이를 존중한다고 하면서도 마음에 거슬리는 날에는 가차없이 눈빛으로, 말로 아이를 아프게 합니다.

부모가 자신을 제대로 보지 않으면 아이는 평생 '부모'라는 감시자 밑에서 자라게 됩니다. 부모는 무의식적으로 늘 위에서 아이를 감시하고 조종하게 되지요. 우리는 받은 대로 주는 것이 익숙하고 쉬워서 부모에게 받은 방식으로 아이를 대합니다. 이 고리를 끊어낼 수 있는 열쇠는 오직 '부모'라는 이름의 나 자신에게만 있습니다. 세상에 태어난 아이를 비춰주는 것은 부모 자신이니까요.

아이에게 조력자인지 감시자인지 판단이 잘 안 선다고요? 그렇다면 다음과 같은 기준을 적용해 보세요.

첫째, 아이와 대화할 때 수평의 관계에 있는지, 수직의 관계에 있는지 잘 살펴보세요. '오만함'은 자신도 모르는 사이에 나 자신을 높은 위치에 올려놓습니다. 부모가 신의 입장이 되어 '나는 옳고 너는 그르다.'는 생각에서 대화가 시작된다면 부모는 아이에게 명령을 많이 하게 됩니다. 언어 습관을 돌아보면 금방 알 수 있지요.

"밥 먹어라.", "세수하고 옷 입어.", "빨리 일어나.", "공부해.", "빨리 와." 등 명령형의 말을 많이 한다면 수직의 관계에 있는 것입니다. 따라서 명령형의 말투를 청유형으로 바꾸는 연습을 해보세요.

"밥 먹자.", "세수하고 옷 입자.", "빨리 일어나자.", "공부하자.", "빨리 오자." 등 말의 형태만 바꾸어도 아이와의 위치 간극은 좁혀지게 됩니다.

둘째, 혹시 아이가 도움을 요청하기도 전에 먼저 해주어서 아이의 자율성이나 선택권을 무시하고 있지는 않나요? 중요한 것은 아이의 상황을 파악한 뒤 엄마의 도움이 필요한지 아이 스스로 선택하게 하는 것입니다.

"엄마 도움이 필요하니?", "엄마가 도와줄까?", "엄마가 옆에 있어." 등의 말로 아이가 엄마의 도움을 필요로 하는지 물어봐 주세요. 엄마가 아이의 허락을 구하지 않고 알아서 해주면 아이는 '나는 아무것도 못하는 사람이구나.'라고 생각하면서 자존감이 낮아집니다.

셋째, 아이가 도움을 필요로 하지도 않는데 기다리지 못하고 나서서 도와주나요? 기다림은 부모에게 가장 필요한 덕목입니다. 흔히 부모들은 아이를 돕는 행위가 좋기만 한 것이라고 착각하지만, 사실 무의식으로 들어가보면 '좋은 부모' 이미지를 갖고 싶은 본인의 목소리일 때가 많습니다. 이것을 꾹 참는 것만으로도 아이에게 조력자의 역할을 할 수 있지요.

넷째, 아이가 좌절을 경험했을 때 함께 있어 주었나요? 사람은 살면서 수많은 좌절을 경험합니다. 아이가 겪고 있는 좌절의 아픔을 부모가 나눠 가질 수는 없습니다. 그것은 아이의 인생이니까요. 다만, 곁에서 함께 지켜봐줄 수는 있습니다. 아이는 그 긴 고통의 터널을 통과하면서 삶의 깊이를 깨닫고 더욱 단단해질 것입니다.

그러나 부모가 그 순간을 곁에서 지켜주지 않으면 아이는 버림받았다고 느끼게 되지요. 아이가 좌절을 경험하면서 아파할 때 부모가 그 마음을 알아주고 응원해 준다면 아이는 스스로의 힘으로 거뜬히 이겨내고 삶에서 자신감을 얻게 됩니다.

다섯째, 아이의 감정을 판단하고 있지는 않나요? 어떤 감정도 전부 옳다고 믿어주세요. 감정에는 윤리성이 없습니다. 잠시 마음 안에 들어와 머물렀다가 물 흐르듯 떠나지요. 그래서 감정은 자연스럽다는 것을 존중받아야 하는 것입니다.

아이가 부정적인 감정을 갖고 있다고 혼내거나 걱정하지 말고 "그렇겠구나." 하면서 그 순간을 인정해 주면 됩니다. 아이의 감정

189

이 전부 옳다는 것을 부모가 인정해 줄 때 아이는 감정적으로 눈치 보지 않게 됩니다. 눈치를 보는 것은 감정을 존중받지 못하고 상처를 받았다는 증거니까요.

여섯째, 아이를 존중해 준다고 해서 모든 행동을 허용한 건 아닌지요? 아이의 행동에 건강한 경계를 알려주는 것도 중요합니다. 감정은 윤리성이 없지만, 행동은 사회적 작용이기 때문에 윤리성을 갖게 됩니다. 부모로서 아이에 대한 기준을 넓히되, 나 자신과 남에게 피해를 주는 것과 생명을 해치는 행동에는 단호한 경계를 알려주어야 합니다. 아이는 행동에 경계가 없을 때 감정이 불안해지고 살아가는 일에 두려움을 느낍니다.

감시자인 부모는 피곤합니다. 아이의 모든 것을 감시하고 통제해야 하니까요. 그러나 조력자인 부모는 자유롭습니다. 아이의 인생은 아이의 것이라는 믿음에서 출발하므로 부모가 아이의 경계를 넘지 않고 그저 바라보면 되니까요.

부모가 조력자의 위치에 단단하게 서 있을 때 아이는 세상을 향해 마음껏 날아갈 수 있다는 것을 잊지 마세요.

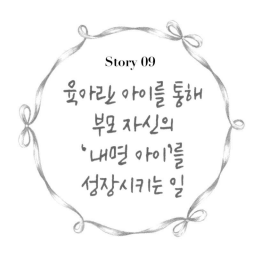

Story 09

육아란 아이를 통해
부모 자신의
'내면 아이'를
성장시키는 일

　김두식 교수의 책《불편해도 괜찮아》에 보면 '지랄 총량의 법칙'
이라는 말이 나옵니다. 사람은 자기가 갖고 태어난 '지랄의 양'이
있는데, 누구에게나 이 총량이 같으니 언제 하든 죽기 전에 이 '지
랄'을 다 하고 죽는다는 법칙입니다. 이것을 좀 다르게 표현해 보
면, 사춘기 때 방황(지랄)해야 할 양을 다 채우지 못하면 어른이 되
어서라도 언젠가는 터진다는 이야기입니다.
　어떻게 이런 표현을 생각해 냈는지, 처음 이 대목을 읽으면서 다
른 동료 선생님들과 한참 동안 웃었던 기억이 납니다. 우리 모두
조금은 씁쓸하게 이 사실을 인정하면서 말이지요.
　우리나라에는 '중2병'이라는 특수한 병명이 있습니다. 북한군, 심

지어는 외계인도 중2병 아이들 때문에 못 쳐들어온다는 우스갯소리가 있을 정도로, 중2병이라는 병명의 위상은 엄청납니다.

학부모를 대상으로 하는 강연장에서 지금 가장 힘든 사람 손을 들라고 했더니, 고3 엄마가 손을 드시더랍니다. 그래서 그 강사분이, 참 힘들겠다고 위로를 했더랍니다. 그러다 맨 뒤에서 자신이 제일 힘들다고 손을 든 사람이 바로 중2 아이의 엄마랍니다. 모든 힘든 부모를 제치고 '제일 힘든 부모'가 될 만큼 중2 아이들에게 무슨일이 일어나는 것일까요.

중2가 되면 아이의 두뇌는 어린이에서 어른으로 방향을 틀게 됩니다. 그렇다고 완전히 어린이를 벗어난 것도 아니고, 어른으로서의 성숙함을 갖춘 것도 아니지요. 대부분 중2의 아이들은 자아 정체성에 굉장한 혼란을 겪는데, 이 시기에는 두뇌에도 큰 변화가 일어납니다. 익숙하지 않은 변화들을 익숙하게 적응하느라 삐걱거리는 정도가 가장 심한 시기인 거지요.

아이가 중2병에 걸려 지랄 총량의 법칙을 따라가고 있을 때 부모는 당황할 수밖에 없습니다. 그동안 착하게 말 잘 듣던 아이가 숨기는 것이 많아지고, 말수가 적어지고, 반항기가 절정에 이르기 때문이지요. 부모의 모든 말을 방어하고, 심지어는 방문을 꼭 닫고 소통할 어떠한 여지도 주지 않습니다.

이럴 때 부모는 어떻게 해야 할까요. 아이와 소통하기 위해 조급해하며 당장 행동을 시도하기보다는 이 시기를 부모 자신을 돌아보는 절호의 기회로 삼아야 합니다. 부모가 중2병에 걸린 아이 앞에서 할 수 있는 것은 무엇일까요?

첫째, 아이가 제1차 반항기에 있을 때 정서적인 연결과 공감을 잘해 주었는지, 욕구를 잘 채워주었는지, 반응을 잘해 주었는지 점검하는 것입니다. 제1차 반항기는 미운 세 살 때 옵니다. 18개월부터 36개월 전후로 찾아오는 반항기의 시기에 아이의 본성을 잘 읽어주고 고유하게 지켜주지 않으면 아이는 사춘기가 되어서 이때 못했던 반항까지 더해 더 큰 반항을 하게 됩니다. 이것이 지랄 총량의 법칙 원리입니다. 엄마는 어렵지 않게 아이의 이 시기를 떠올려볼 수 있을 것입니다. 아이의 자존감을 잘 키워주었는지 생각해 보고, 만일 그렇게 하지 않았다면 그 사실과 아프게 대면해야 합니다.

둘째, 아이에 대해 미덥지 못한 부분이 있다면 구체적으로 유형화시켜 봅니다. 공부를 열심히 안 하려고 한다든지, 부모의 말을 명령으로 여겨 방어한다든지, 나쁜 친구들과 어울리는 것 같아 속이 상한지 등, 아이의 행동 중에서 마음에 안 들고 걱정이 되는 그 지점을 정확하게 짚어보아야 합니다. 사실 여기서 중요한 것은 아이의 행동이 아니라, 아이의 행동으로 인해 건드려지는 부모의 내면인 것이지요.

셋째, 부모 내면의 두려움이 어디서 왔는지 찾아서 대면합니다.

대면이란 더 이상 분노의 근원을 회피하지 말고 눈 크게 뜨고 마주 보라는 의미입니다. 아이가 부모를 화나게 하는 지점이 바로 부모가 치유해야 할 상처의 지점이거든요. 자신의 상처를 마주하고 바라보면 숨겨져 있던 내면에 접속하게 되어 눈물이 날 것입니다. 그 울음이 바로 상처 치유의 시작입니다.

넷째, 지금이라도 늦지 않았음을 믿어봅니다. 부모는 자신의 내면을 보는 것이 두려워 아이의 행동 하나하나에 투사합니다. 아이는 온몸을 던져 부모의 상처를 건드려놓지요. 그 메시지는 '엄마, 그게 바로 엄마가 치유해야 할 상처야!'입니다. 아이의 중2병은 부모를 내면 여행으로 이끄는 가장 강력한 병입니다.

다섯째, 지랄 총량의 법칙은 부모 하기에 달려 있음을 깨닫는 것입니다. 육아란 아이를 통해 부모 자신의 내면 아이를 성장시키는 일입니다. 그 본질은 부모 자신의 상처와 대면하고 치유하라는 이야기지요. 아이의 존재는 고유합니다. 부모가 그 고유함을 깨닫지 못한다면 아이는 지랄 총량의 법칙대로 살아갈 수밖에 없습니다.

열쇠는 부모에게 있습니다. 아이의 고유성을 존중하고 그 행동에 귀를 기울여보세요. 아이를 통해 치유되는 것은 분명 어른인 부모 자신일 것입니다. 부모의 상처를 치유해야 사춘기인 아이를 온전히 사랑할 수 있습니다.

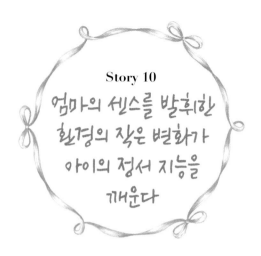

Story 10

엄마의 센스를 발휘한
환경의 작은 변화가
아이의 정서 지능을
깨운다

"집에서 물감 놀이를 해줘야 아이에게 좋다는데, 청소하기 무서
워서 나는 도저히 물감 놀이는 허용해 주지 못하겠어요."

"우리 아이는 밥을 통 먹지 않아요. 밥이랑 반찬을 어떻게 만들어
야 할지 모르겠어요."

"아이가 좀 크면 문화센터나 데리고 다니면서 교육시키면 되지
않을까요? 집에서 뭘 꼭 해줘야 하나요?"

아이가 태어난 순간 부모는 아이를 위해서라면 모든 것을 다 해
주어도 아깝지 않다고 생각합니다. 그러나 위의 사례와 같은 대화
가 머지않아 부모의 입에서 나오게 됩니다. 아이에게 무엇이든 다

해줄 수 있다는 다짐은 온데간데없고, 아이의 에너지가 감당 안 돼 엄마의 말과 행동은 방어적으로 변하게 됩니다.

대부분의 육아 스트레스는 아이의 자유분방한 신체 리듬과 이미 틀이 정해져 있는 엄마의 신체 리듬 사이에서 생기는 괴리감에서 옵니다. 육아와 살림이라는 이중고를 도와줄 사람이 주위에 없다면 엄마는 금방 지치고 체력과 인내에 한계를 느끼게 되는 거지요.

위에서 소개한 사례를 하나하나 다시 살펴볼까요?

첫째, "집에서 물감 놀이를 해줘야 아이에게 좋다는데, 청소하기 무서워서 나는 도저히 물감 놀이는 허용해 주지 못하겠어요."

아이에게 물감 놀이는 오감 발달에 아주 좋은 놀이여서 전 세계적으로 보편화되어 있습니다. 엄마 입장에서 해주기는 해줘야겠는데 치우는 것이 힘들어서 스트레스를 받는다면, 그 스트레스는 고스란히 아이에게 가게 됩니다.

이럴 때는 환경에 변화를 주세요. 나의 경우, 버려도 덜 아까운 비싸지 않은 옷을 입혀 목욕탕 한쪽 면을 캔버스삼아 물감 놀이를 할 수 있게 해주었습니다. 그래서 우리 아이들은 물감 놀이는 목욕탕에서 하는 것으로 생각하게 되었지요. 아이 몸에 물감이 묻어도, 목욕탕 욕조에 물감이 묻어도 물로 씻어낼 수 있으니 거실 여기저기에 묻히고 돌아다니는 스트레스를 줄일 수 있었습니다.

조금 더 크면 아이는 물감 말고도 색연필이나 사인펜 등으로 자신의 흔적을 남기는 것을 좋아하게 됩니다. 이럴 때는 거실 벽면이나 아이 방 벽에 커다란 전지를 열 장 정도 겹겹이 붙여놓으세요. 한 공간이 다 채워지면 한 겹을 떼어내는 식으로, 아이의 캔버스를 확장시켜 주는 겁니다. 아이는 표현력을 마음껏 기르게 될 것이고, 나아가, 자신만의 인생 그림을 완성해 나갈 것입니다.

둘째, "우리 아이는 밥을 통 먹지 않아요. 밥이랑 반찬을 어떻게 만들어야 할지 모르겠어요."

아이가 밥을 잘 먹지 않으면 엄마는 죄책감과 더불어 화가 올라옵니다. 죄책감은 밥을 안 먹는 이유가 엄마 때문인 것 같아서 오는 것입니다. 화는 엄마가 이렇게 힘들게 만들어줬는데 아이가 밥을 거부한다면 엄마 자신을 거부하는 것으로 느끼기 때문이고요.

아이가 밥을 잘 먹다가도 안 먹는 시기가 있습니다. 특히 지성이 자라는 시기에는 몸의 성숙이 잠시 주춤하기도 합니다. 따라서 아이가 밥을 안 먹는다고 지나치게 죄책감을 가질 필요는 없습니다. 살짝 환경만 바꿔주어도 아이는 달라지니까요.

아이에게 음식은 그냥 음식이 아니라 엄마의 사랑이라고 느끼게 해주세요. 예를 들어 볶음밥을 해줄 때 위에 케첩이나 완두콩으로 하트 모양을 새겨주면 아이들은 평소보다 더 잘 먹습니다. 볶음밥을 주면서 "엄마가 우리 수아 음식에 사랑을 듬뿍 담았어."라고 한 마디만 해줘도 아이는 엄마의 사랑을 더 잘 느끼지요.

엄마가 자신에게 주는 모든 것이 단순한 것이 아니라, 사랑을 담은 것으로 받아들이면 아이의 정서는 몰라보게 따뜻해집니다. 아이의 인성이나 정서를 만들어가는 것은 어떤 특별한 이벤트 경험이 아니라 '일상'의 누적이기 때문이지요. 그러니 단조로운 식사시간을 엄마의 사랑을 전하는 시간으로 만들어보세요.

셋째, "아이가 좀 크면 문화센터나 데리고 다니면서 교육시키면 되지 않을까요? 집에서 뭘 꼭 해줘야 하나요?

엄마가 아이를 돌보는 일만으로도 어렵고 힘이 들어 체력이 달리는데, '교육'까지 해야 한다고 생각하면 여간 부담스러운 일이 아닙니다. 그래서 대부분의 엄마들은 아이가 걷기 시작하면 문화센터나 교육 프로그램 센터에 데리고 다니지요. 교육은 전문가에게 맡겨야 한다는 생각에 아이를 너무 어린 시기부터 외부에 맡기는 셈입니다.

그러나 아이의 발달 과정을 보면, 최소한 36개월까지는 정서가 먼저여야 합니다. 뇌과학자들은 아이의 두뇌는 특별하고 따뜻한 사랑을 받는다고 느낄 때에만 발달한다고 말합니다. 그러니 여기 저기 낯선 곳에 보내는 교육은 잠시의 반응을 내게 할 수 있을지는 몰라도 정서 면에서 볼 때는 역효과를 가져올 수도 있습니다.

가정에서 엄마가 무언가를 많이 해주어야 한다는 부담감만 내려놓는다면, 아이와 콩나물을 다듬는 것만으로도 훌륭한 학습이 되고, 강낭콩 개수 세기 놀이도 좋은 교육이 됩니다.

요즘에는 요리 학습을 하는 교육 센터에서 예쁜 앞치마에 요리사 모자까지 갖추어 놓지만, 요리 과정 중 어느 한 부분만 아이가할 수 있게 하여, 사진 찍어 보여주는 수업은 아닌지 생각해 볼 필요가 있습니다.

공자는 4가지 악덕 리더에 대해 말한 적이 있습니다.

- 제대로 가르쳐 주지도 않은 채 엄벌만 내리는 리더

- 일을 시행할 때 경계할 점을 일러주지 않고 성공만 요구하는 리더

- 지시는 늦게 하고 빨리 달성하기만을 독촉하는 리더

- 마땅히 주어야 할 것을 생색내며 주는 리더

'리더'의 자리에 '부모'라는 단어를 넣는다면 참 많은 생각들을 하게 되는 문장이 만들어집니다. 부모가 무언가를 밀어넣고 다그칠 것이 아니라, 자연스러운 환경이 아이를 편하게 이끌 수 있게끔 부모는 언제나 환경에 신경 써야 합니다.

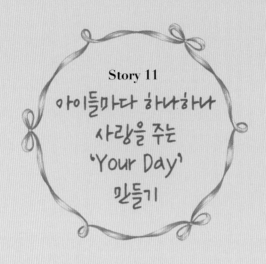

Story 11

아이들마다 하나하나
사랑을 주는
'Your Day'
만들기

가장 소중한 관계는? 가족.

가장 힘든 관계는? 가족.

가장 잘 지내고 싶은 관계는? 가족.

가장 힘들 때 생각나는 관계는? 가족.

가장 소홀하게 대하는 관계는? 가족.

가장 안전한 관계는? 가족.

가장 '내 편'인 관계는? 가족.

가장 오래도록 함께 있고 싶은 관계는? 가족.

가장 많이 상처 치유를 하고 싶은 관계는? 가족.

앞의 문장들에서 '가장'이라는 수식어가 가장 잘 어울리는 단어, '가족'입니다. 한 집안에 아이들이 많을수록 서로 상처를 주고받는 횟수와 강도도 크게 마련입니다. 엄마는 하나이므로 받고 싶은 엄마의 사랑을 쟁취하려면 얼마나 다양한 생존 전략을 세워가며 살아야 할까요.

의사소통 워크숍에 참여한 교육생 한 분이 상담을 요청한 적이 있습니다. 아이들에게 어떻게 사랑을 나눠줘야 하는지 모르겠다는 고민이었는데, 그 집은 아이가 넷이었지요. 나이가 어리나 많으나 아이는 언제나 아이입니다. 그냥 아이가 아니라 '엄마의 사랑이 필요한' 아이지요.

가족이 많으면 엄마는 힘들 수 있지만, 엄마가 소통을 잘하는 사람이라면 오히려 더 풍성한 행복을 누릴 수 있다는 장점이 있습니다.

아이들마다 하나하나 사랑을 주기 어려울 때는 'Your Day'를 만들어주는 방법도 있습니다.

월요일은 '첫째아이 Day', 화요일은 '둘째아이 Day', 수요일은 '셋째아이 Day', 목요일은 '넷째아이 Day', 금요일은 '엄마 Day', 토요일은 '아빠 Day', 그리고 마지막 일요일은 '가족 Day'로 만드는 거예요. 그리고 그 날의 주인공에게 칭찬을 마구마구 해주는 칭찬 샤워를 하거나, 소원 들어주기, 주인공에게 세 번 사랑한다고 말해 주기, 주인공과 눈이 마주칠 때마다 환하게 웃어주기 등의 미션을 수

행하는 겁니다.

아이들은 본인의 날을 손꼽아 기다리게 되고, 그 과정에서 다른 가족에게도 사랑 표현을 하면서 가족의 소중함을 몸으로 직접 알아갈 것입니다. 이렇게 가족들 한 사람 한 사람에게 자신만의 날을 만들어주면 아이들은 '가족' 안에서 사랑을 키우는 법을 자연스럽게 배웁니다.

엄마와 아빠에게만 받는 사랑보다 언니 오빠들까지 포함하여 무려 다섯 명에게 받는 사랑이라면 그 사랑의 양상도 각양각색으로 다르겠지요. 그 안에서 아이의 감정도 섬세하게 분화되어 사랑에 대한 감수성도 깊고 진해질 것입니다.

'My Day'라고 하지 않고 'Your Day'라고 한 이유는 사랑의 독특한 속성 때문입니다. 아이들에게 사랑은 움켜쥐는 것이 아니라, 나눔으로써 커진다는 것을 미션 이름을 통해 알 수 있게 하기 위해서지요.

'사랑' 하면 가장 생각나는 것은? 가족.

'따뜻함' 하면 가장 생각나는 것은? 가족.

'변함없이 한결같음' 하면 가장 생각나는 것은? 가족.

'나눔' 하면 가장 생각나는 것은? 가족.

'기도' 하면 가장 생각나는 것은? 가족.

마지막 순간에 가장 생각나는 것은? 가족.

다음 생애에서도 가장 만나고 싶은 것은? 내 가족.

가족 모두를 주인공으로 세워주는 'Your Day'를 만들어보세요. 서로를 경쟁 상대로 보는 것이 아닌, 사랑으로 세워주고 사랑을 표현해야 할 대상으로 관점의 전환이 일어날 테니까요.

가슴속에서 가장 큰 울림으로 언제나 나의 존재를 받쳐주는 '가족'이라는 큰 이름.

세상의 그 어떤 수식어보다 '가장'이 잘 어울리는 이름.

우리 아이들이 어른이 되어 훗날 '가족'을 떠올릴 때 '한결같은 사랑'의 다른 이름으로 말할 수 있기를 꿈꿔 봅니다.

Story 12

아이가 원하는 것을
다 사주어야
사랑이라고
믿는 것은 착각이다

사례1

아이는 사탕이나 초콜릿을 좋아합니다. 그런데 이가 썩을까 봐
많이 사주지는 않고 있어요. 마트에 갈 때마다 떼를 쓰는 아이에
게 공감만 열심히 해주고 있습니다. 그런데 뭔가 찜찜하기도 하
고, 또 아이가 그렇게 좋아하는 것을 못 사주는 것이 마음이 아파
서 사탕과 초콜릿을 잔뜩 사두고 수납장에 넣어두었다가, 아이가
떼를 많이 쓰거나 말을 잘 들을 때마다 꺼내서 주고 있습니다.

아이가 자라서 이제는 사탕이 있는 것을 알고 더 떼를 씁니다. 어
떻게 공감을 해주어야 할지, 엄마로서 아이에게 너무 규제하는
것은 아닌지, 그 규제로 아이의 마음에 불편한 감정이 드는 것은

아닌지 걱정이 됩니다. 더 괴로운 것은 육아가 점점 산으로 가는 것 같다는 생각이 든다는 것입니다.

사례2

아이들이 장난감을 좋아하는데, 요즘 장난감 회사들은 왜 그리 비싸고 다양한 캐릭터들을 만들어내는지 모르겠어요. 큰아이는 비싼 카봇을 좋아하고, 둘째아이는 겨울왕국 캐릭터에 푹 빠져 있습니다. 아이가 그렇게 좋아하는데, 안 사주자니 나쁜 부모 같고, 사주자니 가계가 정말 휘청휘청할 정도예요.

대충 공감의 방법으로 아이의 마음을 알아주고 너무 비싸지 않은 선에서 적당히 사주고는 있지만, 무엇보다 장난감으로라도 '몰입'을 하도록 부모로서 도와줘야 하는 건 아닌지 판단하기가 정말 어렵습니다. 아이에게 물건 사주는 것을 아끼다 보면 아이도 물건을 지나치게 아끼게 될까 봐 그것도 걱정이 되고요. 아이 키우는 일이 너무나 어렵기만 하네요.

위 사례들은 어린아이들을 키우는 부모들의 전형적인 고민들입니다.

그렇다면 "아이가 좋아하는 사탕이나 장난감을 사주는 것이 '사랑'을 주는 것이다."라는 명제에서부터 시작해 보면 어떨까요? 아이가 원하는 것을 다 사주는 것이 과연 사랑일까요? 사탕을 예로 들어보겠습니다.

아이가 사탕을 먹고 싶어 합니다. 그런데 엄마는 '사탕은 이가 썩으니까 몸에 안 좋은 것'이라고 이미 마음속에 확실한 생각을 갖고 있습니다. 아이는 사탕을 원하고, 엄마는 '몸에 안 좋은 사탕'을 줘야 하는지 말아야 하는지, 여기서부터 육아의 고민이 시작됩니다.

그러나 '사탕'이라는 물건은 상징적인 것일 뿐입니다. '아이가 사탕을 원하니 엄마는 무조건 줘야 한다.'로 생각을 결정했다면 엄마 내면에 '사탕은 몸에 안 좋다.'라는 생각과 정면으로 부딪치게 되지요. 그렇게 되면 '아이가 원하는 것을 주긴 했지만 나는 나쁜 엄마일지도 몰라. 왜냐하면 아이 몸에 안 좋은 것을 주었으니까.'라고 생각하며 괴로워하게 됩니다. 이러한 생각은 '사탕' 하나에 엄마가 갇혀버린 것입니다. 사탕이 엄마보다 더 중요한 것이 되어버린 것이지요.

아이의 정서를 채워주는 일을 단편적으로 생각하면 자꾸 어떤 물건에 갇히게 됩니다. 이것을 사줄까 말까, 저것을 줄까 말까. 주면 사랑이고 안 주면 사랑이 아닐까요? 사랑으로 아이의 정서를 채워주는 기준은 자연과 책과 놀이, 스킨십과 눈빛 바라보기 같은 것입니다. 사실은 결국 하나지요. 물건이 아니라 엄마의 마음을 주는 것!

아이나 엄마나 '사탕'이라는 물건에 갇히지 말고, 넓게 사랑을 주는 관점의 전환이 필요합니다. 비싼 장난감을 사주면 더 사랑하는 것이고, 집 앞의 돌멩이를 갖고 놀게 하면 덜 사랑하는 것이라는 생각은 오직 '어른'에게만 있습니다. 더 정확히는 '그쪽으로 상처가 많은 어른'에게만 있지요.

실례로, 우리 아이들은 어릴 적에 장난감이 별로 없었습니다. 왜 냐하면 어릴 적에 '책 놀이'를 하면서 아이와 함께 장난감을 만들어 놀았기 때문에 비싼 장난감에 아이들이 눈을 돌릴 심적인 공간이 없었지요.

나뭇잎을 뜯어다 신문지를 펼쳐놓고 그것을 바다라 하면서 놀았 고, 나뭇잎 물고기를 만들어 하루 종일 놀았습니다. 그뿐인가요, 빈 박스를 구해다가 색연필과 사인펜 등으로 작은 집 한 채를 만들어 그 안에서 소꿉놀이를 하면서 하루 종일 깔깔대며 놀았습니다.

굴러다니는 페트병을 세워서 하나를 굴려 볼링놀이를 하면서 웃 음을 나눠 가졌고요. 종이컵에 콩을 넣어가며 작은 농구대회를 열 어 집중력을 키워주기도 했답니다.

돈도 많지 않았지만, 장난감이나 그 어떤 물건보다 그 안에서 함 께 나누었던 마음의 소중함이 중요하다고 생각했습니다.

'이 물건을 사주면 내가 아이를 사랑하는 것이다.'라는 생각이 있 지는 않은지 엄마의 내면을 들여다보아야 합니다. 아이에게 물건 을 사주고 안 사주고가 중요한 것이 아닙니다. 어떻게 사랑을 표현해 주어 아이와 따뜻한 교감을 나눌 것인지를 생각해 보는 것이 중요합니다.

초보 엄마들은 늘 힘이 듭니다. 엄마가 처음이라서 갖고 있는 정보라고는 오직 내 부모의 사랑 방식뿐이기 때문입니다.

처음 부모가 되고 나서 필요한 것은 'What'이 아니라 'How'입니다. '무엇을' 사줄까가 아니라, '어떻게' 사랑을 줄까 하는 것이지요.

장난감 코너나 서점 등에서 갖고 싶은 물건을 보았는데, 엄마가 공감만 실컷 해주고 나서 사주지 않는다면 아이는 혼란스러울 수 있습니다.

입장을 바꿔서 생각해 보세요. 맛있는 스파게티가 식탁 위에 있는데 먹지 말라고 하고는 "못 먹어서 속상하구나."라고 공감만 해준다면 더 화가 날 수도 있는 일이니까요.

이럴 때는 마트나 서점에 가기 전에 안 되는 것은 안 된다고, 왜 안 되는지 나름의 이유를 먼저 알려준 다음에 방문하는 것이 좋습니다. 의사소통에서는 이것을 '예방적 I-message'라고 합니다.

엄마는 아이에게 사랑을 '주는 것'이라고 생각하지만 사실은 '교감'하는 것일 뿐입니다. 오히려 아이의 따뜻하고 순수한 모습에서 엄마의 사랑이 채워지는 순간이 더 많을지도 모릅니다. 엄마가 아이에게 사랑을 '준다'라고 생각하면 많이 지치고 힘듭니다.

부모와 정서적 거리가 가까운 아이들은 엄마에게 자신의 생각을 관철시키기 위해 극단적으로 떼를 쓰지 않습니다. 욕구를 자연스럽게 이야기해도 엄마가 자신의 마음을 알아줄 것이라는 믿음이 있으니까요.

어릴 적 기억들 중에서 엄마가 이 물건 저 물건 갖고 싶다는 것을 사주었던 것보다는 눈 마주치면서 사다리타기하며 깔깔댔던 기억이 오래오래 남아 있는 법입니다. 작고 예쁜 단풍잎에 사랑한다고 써서 주었던 그 추억이 지금도 내 마음을 따뜻하게 하니까요. 비탈길에서 다 큰 나를 업어주었던 그 사랑을 생각하면 아직도 눈물이 글썽거려진답니다. 그것이 바로 '엄마의 사랑'이라고 느끼기 때문이지요.

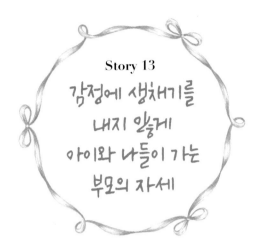

Story 13

감정에 생채기를
내지 않게
아이와 나들이 가는
부모의 자세

중학교 교사 시절, 새 학년 새 학기가 되면 첫 시간에 하는 수업
이 있습니다. 3월의 봄 기운들을 공부하는 데만 집중시키기에는 너
무 아까운 생각이 들어서입니다.

국어 교과서 첫 단원도 봄 냄새 물씬 나는 작품들부터 만나게 됩
니다. 아이들이 '아이다운' 이유는 그 순간만큼은 다른 것을 생각하
지 않고 분위기에 쉽게 빠져들 수 있다는 것이지요.

부모와 자식의 관계에서처럼, 교사와 학생의 관계에서도 일단 따
뜻하고 설레는 이야기들로 잘 채워져야 신뢰와 사랑이 쌓이는 것
은 당연한 이치이기에, 새 학년 새 학기가 되면 하나의 텍스트를
구실 삼아 서로 이야기를 나눠보는 시간을 갖고는 합니다.

지금도 가장 기억에 남는 어느 국어 시간의 일입니다. 이제 막 중학생이 된 귀여운 신입생 아이들의 국어 수업시간이었습니다. 봄이 되면 부모님이나 친구들과 함께 가보고 싶은 나들이 장소가 어디인지 잠시 생각하는 시간을 가진 뒤, 우리는 한 사람씩 그 생각을 나누어보는 시간을 가졌습니다. 그러던 중, 한 녀석이 다소 쭈뼛거리면서 이런 말을 하는 것이었습니다.

"저는 부모님하고는 안 가고 싶어요. 우리 부모님하고는 어딜 가도 마음이 편하지 않거든요. 이상하게 어딘가가 불편해요. 어디 구경을 가도 제대로 구경도 못하겠고요. 그냥 부모님이 가자고 하니까 따라가긴 하는데……."

이 아이의 이야기는 어릴 적 나의 이야기이기도 합니다. 부모님과의 여행은 늘 감정적으로 불편한 사건이 한두 번은 꼭 있었는지, 한두 번은 무언가로 꼭 혼나야 했고, 부모님의 감정에 눈치를 봐야 했습니다. 누구를 위한 여행이었는지, 어른이 된 지금 기억에 남는 것은 불편하고 짜증났던 감정들입니다.

지금 생각해 보니, 부모라는 의무감 때문이 아니었을까 하는 생각이 듭니다. 부모님은 즐겁지도 않았으면서, 주말이나 어린이날이면 부모로서 아이들과 다녀서 빨리 숙제를 해치워야 한다는 생각을 하지 않았을까요. 그분들 마음속에 과연 '행복', '여유', '즐기는 마음' 같은 것들이 있었을까요.

세 시간 넘게 운전해서 간 바닷가 모래사장이나, 바로 집 앞 놀이터에 있는 모래밭이나 어린아이에게는 다 똑같다는 말이 있습니다. 괜히 세 시간씩 운전하면서 받은 스트레스를 아이에게 푸는 것보다 차라리 멀리 안 가고 집 앞 놀이터에서 노는 것이 아이에게는 훨씬 행복한 일이라는 것이지요.

그동안 부모가 무언가를 '의도'해서 아이에게 교육적인 가치를 심어주려 하지는 않았는지 살펴보는 것도 중요합니다.

부모 곁에 있기만 해도 아이는 부모의 감정을 운명처럼 감지합니다. 덥다고, 춥다고, 차가 밀린다고, 아이가 징징거린다고, 음식이 맛없다고, 기다리는 줄이 길다고 서로가 서로의 감정에 생채기를 내고 있지는 않은지, 나들이를 통해 정말로 원하는 것이 무엇인지 한번쯤 돌아봐야 하지 않을까요.

만약 가족 여행이나 나들이가 부모와 아이의 관계에서 얻는 것보다 잃는 것이 더 크다면, 여행은 원점에서 다시 시작해야 합니다. 부모가 스스로 이런 질문들을 하면서요.

1 이 여행을 하는 목적이 무엇인가.

2 이 여행에서 무엇을 얻고 싶은가.

3 내 마음을 잘 데리고 다녀올 마음의 준비가 되어 있는가.

4 내 아이의 감정을 잘 보듬을 마음의 준비가 되어 있는가.

5 남들과 비교하는 여행이 아니라, 내 기준에 잘 준비된 여행인가.

6 내가 행복할 수 있는가.

7 내 아이가 행복할 수 있는가.

8 우리 모두가 행복할 수 있는가.

부모가 이런 마음으로 여행이나 나들이를 한다면, 훗날 사춘기가 되어 부모와의 여행이나 나들이를 떠올릴 때 다음과 같은 대답을 하는 아이가 될지도 모릅니다.

"저는 지난봄에 부모님과 함께 갔었던 무심천 벚꽃 축제에 또 가고 싶습니다. 부모님도 저도 꽃을 더욱 좋아하게 되는 계기가 되었습니다. 벚꽃길을 걸어가면서 새 학년의 설레는 마음, 두려운 마음, 기대감 같은 감정에 대해 아빠와 이야기를 나누었습니다. 그리고 누나와 다정하게 서로 사진을 찍어주기도 했고, 어떤 장면이 가장 멋지게 사진기에 담겼는지 보면서 재미있는 시간을 가졌습니다."

우리 아이들도 부모와의 여행이나 나들이를 설레는 마음으로 기다리면 좋겠습니다. 사춘기가 되어서도 말이지요.

04

일상을 행복으로
채워주는
`소통의 힘`

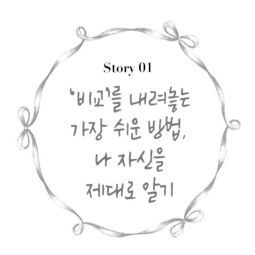

Story 01

'비교'를 내려놓는
가장 쉬운 방법,
나 자신을
제대로 알기

새 생명을 잉태한 그 순간, 소원은 오직 하나였습니다. 손가락 발가락 전부 열 개씩, 건강하게만 태어나준다면 더 바랄 게 없었지요. 새 생명의 신비는 그렇게 엄마의 온몸을 감싸고 어느 누구와의 비교도 없이 오직 존재의 본질에만 집중하도록 했습니다.

그런데 아이를 보고 병실에 올라가면서 나는 나의 의식이 어떻게 흐르고 있는지 알아차렸습니다. 아들이 아니라 딸이어서, 옆의 아기보다 내 아기의 머리숱이 적어서 아쉬워하고 있는 내 마음을 감지했지요. 이 마음은 어쩔 수 없었습니다. 나 역시 뼛속까지 비교의 대상으로 자랐다는 것을 알았을 때, 나의 이런 마음을 깊숙이 인정해야만 했답니다.

비교란 놈은 참 무섭습니다. 모든 걸 순식간에 반대로 돌려놓기 때문입니다. 행복을 불행으로, 만족을 불만족으로, 뿌듯함을 아쉬움으로, 반가움을 서운함으로, 있는 그대로를 부족함으로, 최선을 무능력으로 만드는 힘이 있지요.

비교하는 마음을 버리지 않는 이상, 절대적인 만족과 행복을 가질 수 없습니다. 그 이유는 처음부터 '비교'가 가진 힘이 우리의 모든 것을 압도하기 때문이지요.

태초의 비교가 무의식에 퍼져 자라게 되면 그것을 뚫고 치유하기 위해 많은 고통의 터널을 거쳐야 합니다. 아무리 '다름을 인정하라.'거나, '모든 존재는 고유하다.'거나, '변화시킬 사람은 나 자신밖에 없다.'라는 말을 들어도, 그 말의 의미는 알겠는데 그 말을 몸으로 받아들이는 것이 물과 기름의 사이처럼 그렇게 쉽게 녹아들지 않습니다.

그렇다면 우리는 어떻게 해야만 이 비교의 터널을 빠져나올 수 있을까요?

그것은 '나 자신에 대해 아는 것'입니다. '비교'라는 말은 다른 누군가 '타인'이 있어야 가능합니다. 그렇지만 '나 자신에 대해 아는 것'은 남이 없어도 충분히 할 수 있지요.

'내가 무엇을 잘 알고 무엇을 모르고 있는지 아는 것'을 '메타 인지'라고 합니다. 우리의 비교는 나의 메타 인지를 잘 파악할 때 비로소 힘을 잃게 되지요.

예를 들어 아무리 많은 육아서를 읽었어도 그때뿐이고 실행이 어렵고 좌절감을 느낄 수밖에 없는 이유는 내가 그 사람이 아니고, 내 아이가 그 아이는 아니기 때문입니다.

육아서의 기본 방향은 '나는 내 아이를 이렇게 키웠더니 이렇게 잘 컸어요!'입니다. 그러니 육아서들은 도움과 참고는 될 수 있지만 절대적인 방향은 될 수 없지요. 결국 또 '이 방향이 아닌가 봐.' 하며 헤매게 됩니다. 내가 나를 잘 모르고 있으니 계속 헤매게 될 수밖에 없지요.

나는 안 해본 운동이 없습니다. 축구, 수영, 요가, 핫요가, 플라잉 요가, 달리기, 걷기, 복싱, 헬스, 줄넘기, 자전거 타기, 30분 순환운동, 배드민턴, 테니스, 스쿼시 등 내 몸에 어떤 운동이 맞는지 몰라 온몸으로 부딪쳐 알게 된 나의 운동 메타 인지는 조금 허탈하게도, '그때 그때 하고 싶어지는 운동을 하자!'로 결론이 났습니다.

많은 부모들이 고민하는 '영어'도 마찬가지입니다. "소리 내서 읽게 하는 것이 좋다.", "하루에 영어책을 열 권씩 읽어줘라.", "매일 흘려듣기와 집중듣기를 해야 한다." 등은 영어 환경을 위해 전부 맞는 말이고 좋은 말이지만, 이런 방법들을 꾸준히 할 수 없는 이유는 '나는 그 방법으로 할 수 없다.'는 것을 모르기 때문입니다.

이런 모든 방법들을 다양하게 접해서 '지식'으로 알게 되었다면,

그 다음에 반드시 거쳐야 하는 단계가 있습니다. 바로 '부모의 영어 메타 인지'를 알아보는 것이지요. 내가 할 수 있는 것이 무엇인지 '구체적으로' 생각해 보지 않으면 다른 사람들이 추천하는 방법은 허공에 떠 있는 구름일 뿐입니다.

다른 엄마들이 하루에 40권의 책을 읽어준다고 해서 그 기준으로 내가 나를 길들인다면, 얼마 지나지 않아 두 개의 큰 벽에 부딪히게 됩니다. 하나는 '꾸준히' 해줄 수 없게 되는 상황, 또 하나는 그렇게 할 수 없게 되었을 때 오는 좌절감과 죄책감입니다.

하루에 40권 읽어주기는 다른 엄마의 기준일 뿐입니다. 내가 하루에 세 권의 영어책을 읽어줄 수 있다면, 즉 그것이 나의 독서 메타 인지에 적합하다면 '꾸준히'라는 유용한 방법과, '성취감'이라는 좋은 감정을 얻을 수 있습니다.

아이큐는 선천적인 것이어서 높이기가 불가능하지만, 메타 인지는 노력으로 얼마든지 높일 수 있습니다. 게다가 아이큐는 두뇌 지능의 25퍼센트를 차지하는 반면, 메타 인지는 40퍼센트를 차지한다고 하니 우리 모두에게 얼마든지 희망이 있다는 말이 됩니다.

세상에 아무리 좋은 지식이 있어도 내 것으로 만들지 못하면 소용없는 지식이지요. 그 모든 지식 위에, 내가 할 수 있는 만큼, 그 능력이 어느 정도인지를 잘 알게 된다면 그 다음 남는 것은 실행하는 것뿐입니다. 자신이 할 수 있는 것에 대해 지금부터 천천히 생각해 보세요. 메타 인지는 어떤 분야에도 적용할 수 있습니다. 운동 메타 인지, 독서 메타 인지, 영어 메타 인지, 휴식 메타 인지, 공부 메타 인지, 요리 메타 인지, 육아 메타 인지까지!

자신이 할 수 있는 것을 구체적으로 적어보세요. 그렇게 되면 자신이 할 수 없는 것에 대해 선명하게 알 수 있습니다. 그 영역은 노력은 해볼 수 있으나 안 해도 괜찮은 것이지요. 우리의 영원한 늪, 비교의 덫에서 헤어나오는 일, 바로 나 자신을 제대로 아는 것에서 시작됩니다.

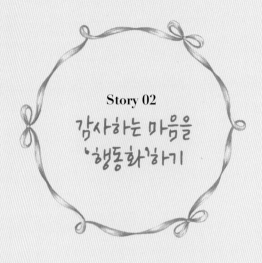

Story 02

감사하는 마음을
'행동화'하기

삶이 무료해지거나 회의감을 느낀다면 어떤 '변화'가 필요하다는 의미입니다. 또는 자신이 예상했던 대로 삶이 흐르지 않을 때 우리는 어떤 전환점을 가져야 함을 어렴풋이나마 감지하게 되지요.

며칠 전 의사소통 워크숍에서 '버킷리스트 세 가지 작성하기'를 과제로 낸 적이 있습니다. 죽기 전에 꼭 하고 싶은 일, 버킷리스트. 과제를 내면서 나 역시 내 삶의 버킷리스트가 무엇인지 생각해 보게 되었습니다. 해마다 생각해 보는 일인데도, 할 때마다 마음이 신중해지고 조심스러워집니다.

첫 번째 버킷리스트는 '감사의 마음을 행동화하기'입니다. 소통에 대해 오랫동안 공부하다 보니, 사람들은 결국 진짜 속마음을 전하는 것이 어려워서 서로 갈등하고 멀어진다는 것을 알게 되었습니다.

누구나 다 상대방이 자신의 진짜 속마음을 알아주기를 원합니다. 하지만 그것은 무척 어려운 일이지요. 그렇지만 조금 다르게 생각해 보면, 진짜 속마음을 알아주기를 바라지 말고 진짜 속마음을 표현하는 것이 더 쉬운 방법이라는 생각을 해봅니다. 상대방을 변화시키기는 어렵지만, 자신이 먼저 변화하는 것은 상대적으로 더 쉬우니까요.

사람은 가끔씩 자신의 행동이 후회될 때 이런 마음이 들곤 합니다. '내 마음은 그게 아니었는데…….' 특히 우리 부모 세대들은 말과 행동을 다르게 하십니다. "절대로 아무것도 사오지 마라. 엄마는 그런 거 필요 없다." 하시고는, 진짜로 안 사가면 서운한 낯빛이 역력합니다. 서툴러도 너무 서툰 '진짜 속마음 표현하기', 정말로 좋은 방법은 없을까요?

첫째, 아침에 눈을 뜨면서 감사한 일 세 가지를 생각해 봅니다. 예를 들어 다시 아침을 맞을 수 있어서 감사하기, 좋은 날씨여서 감사하기, 아침 준비를 미리 해놓아서 시간에 여유가 있으니 감사하기. 이런 식으로 별일 아닌 일에도 '감사'라는 이름을 붙이는 겁니다. '감사'로 하루를 시작하는 사람에게는 반드시 감사할 일이 계속해서 일어나게 마련입니다.

둘째, 오늘 하루 세 사람에게 감사 표현을 하는 겁니다. 동료가 오후에 커피를 타준 것에 대해 "마침 피곤하고 졸렸는데 커피를 타 줘서 고마워요."라고 감사 표현을 하고, 오랜만에 친구가 안부 전화를 해준 것에 대해 "안 그래도 궁금했는데 먼저 안부 물어봐줘서 고마워."라고 말하는 겁니다. 아이가 엄마에게 사랑 표현을 할 때 "우리 이안이가 엄마에게 사랑한다고 말해 주니 너무 고마워."라고 말할 수도 있습니다.

셋째, 가족의 수대로 한 사람 한 사람에게 한 가지의 감사를 표현 해 보는 겁니다. 늘 곁에 있어 오히려 감사의 표현이 어색한 부모님, 내 곁에 있는 남편 또는 아내, 엄마 아빠에게 떼쓰고 욕구 표현이 자유로워 체력적으로 많이 힘들게 하지만 사랑만 주어도 아깝지 않은 내 아이……. 이들에게 감사를 많이 표현할수록 행복지수는 열 배, 스무 배로 기적처럼 올라갑니다. 자신에게 가장 큰 영향을 주는 사람들, 호흡을 함께 하는 사람들과 좋은 관계를 유지하는 것이 결국 행복지수의 조건이니까요.

넷째, 지금 내 앞에 있는 사람을 가장 소중하고 감사하게 생각하는 마음을 가져보고 표현해 봅니다. 말로 하기 쑥스럽다면 표정이나 눈빛으로도 좋습니다. '나는 당신의 말을 잘 듣고 있어요.'라는 메시지를 표정이나 눈빛으로 보내보세요. 나의 진심이 내 안에 숨겨진 더 큰 진심을 끌어내고, 그 진심 하나가 빛이 되어 분명히 타인에게도 비출 것입니다.

　다섯째, 마음속 깊은 곳에서 감사가 나오지 않을 때, 용서가 힘든 사람이 있다면 '그럼에도 불구하고'라는 말을 되뇌어보는 겁니다. '그럼에도 불구하고'로 시작하는 감사는 아무나 할 수 없기 때문입니다. '그럼에도 불구하고' 감사한다면 그 사람은 이미 자신의 인생에서 성공한 사람이고, 깨달음에 다가선 사람입니다.

　유명한 영화 〈버킷리스트〉에 이런 대사가 나옵니다.

　"우리가 인생에서 가장 많이 후회하는 것은 살면서 한 일들이 아니라, 하지 않은 일들이다."

　불과 100일 사이에 사랑하는 사람들 세 분을 먼저 보내는 큰 아픔을 겪으면서, 나는 삶을 바라보는 관점을 완전히 바꾸게 되었습니다. 죽기 전에 내가 가장 후회할 만한 일은 소중한 사람들에게 나의 진짜 속마음을 전하지 않은 것임을 절실히 깨닫게 되었습니다.

　지금 이 순간부터 감사함을 전해 보세요. 자신의 진짜 속마음이 상대에게 온전히 전해지면 놀라운 관계로 발전하게 될 것입니다.

무언가를 하려거든
체력부터 길러라

몇 년 전 〈미생〉이라는 드라마를 방송했습니다. 우리 집에는 TV 가 없는데도, 주위에서 출근만 하면 이 드라마 이야기를 꺼내는 바 람에 시청하지 않았던 나도 줄거리를 알 정도가 되었지요. 그러다 가 어느 SNS에서 〈미생〉의 명장면을 보여주었는데, 눈에 확 들어 오는 문구가 있었습니다.

"무언가를 하려거든 체력부터 길러라!"라는 말이었지요.

운동을 싫어했던 나는 6~7년 전만 해도 체력이 좋지 않아서 감 기를 달고 살았습니다. 너무 아파서 병원에 실려가 주사를 맞은 적 도 있었을 정도였지요.

남자 중학교에서의 체력 미달이 얼마나 삶을 힘들게 만드는지

뼈저리게 느끼던 어느 날, 남편의 권유로 동네 호수를 달리기 시작했습니다. 한 바퀴 도는 코스가 1500미터였는데, 그 한 바퀴도 처음에는 간신히 달릴 수 있었습니다. 운동을 시작하면 늘 '꾸준히' 하는 것이 어려워 이번에는 아예 학생들의 응원을 받아가면서 매일매일 SNS에 기록해 가며 남편의 코치하에 꾸준함을 이어갔습니다.

한 달이 지나고 두 달이 지나고 세 달이 지나자, 한 바퀴는 두 바퀴로 늘어나 있었고, 그때부터 지금까지 감기 한번 걸린 적이 없는 기적 같은 체력을 갖게 되었습니다.

아기 엄마들은 늘 체력이 부족합니다. 밤낮이 따로 없고 내 몸이 원하는 만큼의 휴식을 취할 수 없으니 피로가 누적되면서 체력이 떨어지게 되고 감기와 만성피로에 시달리게 되지요.

문제는 여기서부터입니다. 사람의 몸은 정신과 긴밀히 연결되어 있어서, 몸이 피곤해지면 마음의 에너지도 같이 떨어져 짜증이 나기 시작합니다.

우리는 마음을 수련하여 몸을 훈련시키려고 하지만 사실은 그 반대여야 합니다. 체력을 기르게 되면 마음도 단단해지게 되지요. 웬만한 일은 몸의 에너지로 전부 해낼 수 있기 때문에 무언가를 하려거든 체력부터 기르라는 말은 진리나 다름없습니다.

어린아이들을 키우는 엄마들은 시간이 없다는 핑계로 운동을 하지 않으려 합니다. 그러나 가만히 생각해 보면 그런 이유들은 자신을 방어하는 핑계일 뿐입니다. 몸이 살아나 마음에 에너지를 줄 수 있는 운동! 어렵게만 느껴지는 운동을 잘 시작하고 이어나가기 위해서는 어떻게 해야 할까요?

첫째, 자신을 위한 시간을 지혜롭게 만듭니다. 아이가 너무 어려서 밖에 나가 운동하기 어렵다면 집에다 매트를 깔고 요가나 스트레칭 동영상을 보고 따라 하면 됩니다. 집에서 하는 운동은 비가 오나 눈이 오나 할 수 있다는 장점이 있지요.

둘째, 밖에 나가서 돈을 내고 운동해야 한다는 생각을 버립니다. 돈을 내고 운동하면 돈이 아까워서라도 운동을 한다고들 하지만, 나처럼 경제관념이 그리 크지 않은 사람에게는 이 말도 무용지물입니다.

셋째, 나에게 맞는 운동을 찾아봅니다. 마음이 하고 싶은 운동을 먼저 시작해 보는 겁니다. 자신의 몸을 잘 알고 있어야 자신에게 맞는 운동을 어렵지 않게 선택할 수 있습니다.

넷째, 다른 사람들과 연대해서 시작해 봅니다. 평소 가깝게 지내는 동료나 친구와 함께 시작해 보세요. 꼭 만나서 하지 않더라도, 운동을 매일 잘하고 있는지 체크해 가며 하면 서로에게 좋은 격려와 의지가 되어 좀 더 꾸준히 할 수 있는 힘이 생깁니다.

다섯째, 기간을 정해 봅니다. '매일 매일' 하자고 하면 끝이 안 보이기 때문에 금방 지치고 포기하게 됩니다. 그래서 한 달이든 두 달이든 목표 기간을 정해 종이에 써놓고 눈에 잘 보이는 곳에 붙여 두고 매일 체크하면 '마지막'이 있다는 희망에, 포기를 다시 도전으로 끌어올릴 수 있습니다.

여섯째, 나 자신을 축하합니다. 목표 기간을 달성했다면 나 자신에게 멋진 축하 선물을 주는 겁니다. 작은 목걸이도 좋고, 장미꽃도 좋습니다. 자신을 기분 좋게 하는 일에 돈을 아까워하지 않을 때 자기 자신을 점점 더 사랑하게 되니까요.

일곱째, 아이와 같이 할 수 있는 방법을 생각해 봅니다. 어린아이가 있다면 집에서 할 수 있는 운동이 좋습니다. 실제로 초등학교 때 배웠던 '국민체조'만 꾸준히 해도 몰라보게 체력이 좋아진다고 하니까요.

몸이 마음을 이끌 수 있도록 내 몸을 잘 아끼고 보살펴야 합니다. 어릴 적 부모로부터 길러지는 마음의 근육이 평생의 정신적 삶을 좌우하듯이, 어른이 되어 몸의 근육을 기르는 것이 제2의 인생 전반을 좌우합니다. 무언가를 하고 싶다면 체력부터 길러야 합니다. 그러니 지금부터 시작해 보는 겁니다. 바로 오늘부터요.

윗사람과
소통할 때는
'덕분에'라는 말을
꼭 넣기

사람은 인정과 칭찬에 목말라 있게 마련입니다. 어릴 적, 나는 상
장을 받으면 학교 공부가 끝나기를 기다렸다가, 정말 뒤도 안 돌아
보고 집으로 뛰어가서 문 앞에서부터 엄마를 불러대곤 했습니다.

그렇게 받아도 받아도 끝도 없는, 채워지지 않는 이름 모를 결핍
감과 아쉬움을 느꼈습니다. 이 감정들은 자라면서 때로는 좌절로,
때로는 방황으로 그렇게 여기저기 흩어지게 되었습니다.

늘 바빠 보이는 엄마, 그 뒤로 보이는 쉼 없음의 삶이 훅훅 뜨거
운 김처럼 올라와 숨이 막힐 때마다 나는 더 많이 칭찬받기 위해
노력했지요. 그 칭찬만이 엄마를 한 번 더 숨돌릴 수 있게 하고, 엄
마의 미소를 한 번 더 볼 수 있게 했으니까요.

그렇게 '칭찬의 때'를 만들어가는 것이 내가 엄마를 사랑하는 방식이라고 생각했지만, 어른이 되고 두 아이의 엄마가 되어 돌이켜보니 내가 엄마를 사랑하는 방법이 아니라, 엄마가 나를 사랑할 수 있도록 하는 방법이었음을 아프게 깨달았습니다.

늘 인정과 칭찬에 목이 말랐던 나는 별일이 아닌 것에도 인정을 받고 싶어 하고, 작은 칭찬 하나에도 그날 하루가 기분 좋게 흘러갔습니다.

사자성어 중에 '인지상정'이라는 말이 있지요. 사람이라면 누구나 갖는 보통의 마음이라는 의미로 쓰이는 말입니다. 내가 남에게 나쁜 말을 들었을 때 보통의 마음으로는 기분이 나빠집니다. 반대로 내가 남에게 좋은 말을 들었을 때는 기분이 좋아지지요. 그러나 나보다 윗세대들에게는 인지상정의 마음으로 소통할 수 있는 것이 아닙니다. 배경의 마음 밭 자체가 다르기 때문입니다.

시어머니가 어렵게 농사를 지어서 배추 열 포기를 아들네 집에 주었는데, 합리적인 며느리는 이렇게 말합니다.

"어머니, 그렇게 많이 주지 마세요. 가지고 가도 다 못 먹어서 결국 버리게 돼요."

시어머니는 이때부터 며느리가 괜히 밉습니다. 아들네 주려고 열심히 농사지은 배추를 버린다니, '너무 많다'가 아닌 '버리게 된다'는 말만 귀에서 쟁쟁거립니다. 우리 부모 세대 어른들은 당신이 준

물건을 버린다는 것은 존재 자체를 거부한다는 의미로 받아들입니다. 그때부터 시어머니는 "너는 내가 주는 건 다 싫지?" 하면서 며느리의 마음을 뒤집어놓습니다.

그런데 이 며느리가 의사소통을 배우고 나서 말을 살짝 바꾸었더니 어머니의 태도가 달라지더랍니다.

"어머님이 배추를 많이 주신 덕분에 옆집 사람들하고 나누어 먹었더니, 배추가 어쩌면 이렇게 맛있냐며 칭찬을 들었어요. 그래서 어머님이 농사지으신 거라고 자랑했어요. 감사해요, 어머니."

이렇게 말했더니, 지금껏 한번도 먼저 아이를 봐주시겠다는 말씀이 없으셨던 시어머니가 "애야, 너 어디 바람 좀 쐬고 와라. 애기는 내가 봐주마." 하시더랍니다.

아이스크림이나 과자를 많이 사주시던 시아버지가 있으셨습니다. 며느리는 매일같이 손자에게 아이스크림과 과자를 사주는 낙으로 아들네 집에 오시는 시아버지가 싫었습니다. 그런데 "많이 먹으면 이가 썩고 머리도 나빠진대요, 아버님." 했더니, 그 날부터 시아버지는 표정도 안 좋으시고 손자에게도 짜증을 내시더랍니다.

의사소통 수업에서 무조건 어른들을 칭찬부터 해보라고 배우고 간 며느리는 그날 이렇게 말했다고 합니다.

"아버님, 아버님 사랑 덕분에 우리 아들이 이렇게 쑥쑥 잘 크고 머리도 똑똑한가 봐요. 사랑 많이 주셔서 고맙습니다, 아버님."

그 날 이후로 시아버지는 마트에서 파는 아이스크림이나 과자를 거의 안 사주시고, 시어머니에게 부탁해서 집에서 직접 구운 쿠키를 들고 오시더랍니다.

우리 부모 세대의 마음을 움직일 수 있는 힘은 오직 말의 표현에 있습니다. 합리성과 솔직함만이 좋은 소통법은 아니지요. 특히 제대로 칭찬 한번 못 받고 자란 우리 세대와 우리 부모 세대에게는 인정과 칭찬이 최고의 소통법입니다.

간혹, 칭찬에도 독이 있다고 하여 아이들에게 결과 칭찬을 하는 것도 나쁘다고 하지만, 우리 부모 세대에게는 어떤 칭찬이든 많이 할수록 좋습니다.

어른들께 드리는 칭찬의 말이 생각나지 않고 어렵다면 '덕분에'라는 말을 넣어보세요. '어머님 덕분에', '아버님 덕분에', '당신 덕분에'로 시작하면 그 다음 문장은 술술 이어지게 됩니다. 특히, 아이가 잘 자라고 있는 것을 그분들의 덕으로 돌리면 며느리가 원하는 것 이상으로 조부모로서의 건강한 역할을 해줄 것입니다.

이렇게 칭찬과 인정이 바탕에 있을 때는 내가 원하는 행동도 더 쉽게 요청하거나 부탁드릴 수 있게 되지요. 이미 며느리(사위), 딸(아들)로서 당신을 세상 최고의 존재로 여기실 테니까요.

소통으로 마음을 움직이고, 관계가 좋아지는 놀라운 경험의 시작은 '덕분에'라는 말 한마디 덕분입니다.

Story 05

선택의 어려움,
'결정 장애'를
극복하는 방법

"너 뭐 먹을래?"

"음…… 아무거나."

"아무거나라는 메뉴는 없거든~"

"음…… 그럼 너 먹고 싶은 거."

예전에 학교 다닐 때 친구들이랑 음식 메뉴를 정할 때면 흔히 오가던 대화였습니다. 우리는 그때 이런 대화도 했습니다.

"우리는 왜 이렇게 선택 장애가 있는 걸까? 마음이 너무 약해서 그런 거 아니야?"

"그게 아니라 타인에 대한 배려심이지, 배려심!"

'타인에 대한 배려심'이라는 아주 그럴듯한 이유를 말한 친구 덕분에, 선택에 어려움이 있는 우리의 우유부단함이 멋지게 포장되던 순간이었지요.

그런데 더 어른이 되어서도 나아진 것은 별로 없습니다. '어디로 놀러갈까?'나 '무엇을 먹을까?' 심지어 '아이 옷은 어떤 색깔을 고를까?' 등 사소한 결정에 있어서도 어려움을 겪고는 하니까요. '내 것'에 대한 소소한 문제들(예를 들어 머리카락을 자를까, 말까?), 아이의 일들(예를 들어 반바지를 입힐까, 긴바지를 입힐까?)에 대한 선택을 당연히 내가 해야 하는데도 불구하고 '선택'하는 것이 낯설 때가 많습니다.

이런 선택의 어려움은 어디에서 왔을까요. 사실 모든 선택에는 그만한 책임이 따르게 됩니다. 내 문제에 대한 나의 선택, 그러므로 그 책임도 나에게 있어야 하지요. 우리는 그 책임에 대한 부담감과 두려움을 마음 안에 가지고 있습니다. 나를 판단하는 기준이 바로 타인이기 때문이지요.

나를 보는 시선이 밖으로 향해 있으면 남의 시선을 의식하게 됩니다. '내가 이것을 선택하면 남들이 어떻게 바라볼까?'가 먼저지요. 우리 몸 안에 이미 내면화되어 있는 이 선택의 어려움을 어떻게 극복할 수 있을까요?

우리는 세 가지의 색다른 시도로 선택의 어려움을 극복하는 노력을 해볼 수 있습니다.

첫 번째, 나 자신에 대해 생각하는 시간을 가져보면 좋습니다.

1 나는 어떤 음식을 좋아하는가?

2 나는 어떤 색깔을 좋아하는가?

3 나는 어떤 분야에 관심이 있는가?

4 나는 어떤 일을 잘하는가?

5 나는 어떤 장점을 가졌는가?

6 내가 가진 장점 중 가장 큰 장점 두 가지는 무엇인가?

7 그 장점을 강점으로 만들려면 무엇을 해야 하는가?

이 물음에 대한 답도 천천히 해보는 것입니다. 아주 기본적인 물음 같지만 사실 생각보다 우리는 자기 자신에 대해 생각하지 않고 삽니다. 시선을 밖에 두기 때문이지요.

두 번째, 선택의 문제에 있어서 자율성과 주도성을 배워야 하는 결정적 시기에 우리 부모님이 '선택권'을 주지 않았음을 아는 것입니다. 자각 뒤에 이루어지는 행동은 좀 더 선명하고 가볍습니다. 자각이 있어야만 이미 벌어진 상황에 대해 부정적 의도를 선택할지, 긍정적 의도를 선택할지 '선택' 그 자체를 선택할 힘이 생기게 됩니다.

세 번째, 선택에 있어서 '무엇을'이라는 광범위한 말보다는 '이것을 할까, 저것을 할까?'라고 범위를 줄이는 시도를 해보는 겁니다. 그러고 나서 하나씩 작은 선택부터 시도해 봅니다.

1 머리카락을 깎을까, 말까?

2 오늘 점심은 라면 먹을까, 만두 먹을까?

3 내일은 놀러갈까, 책을 읽을까?

4 이번 주말에 외식은 샤브샤브로 할까, 한정식으로 할까?

5 휴직을 할까, 말까?

자신의 선택이 좋은지 나쁜지 아는 가장 좋은 방법은 일단 해보는 것입니다. 결과가 안 좋으면 실패를 통해 다시는 그런 선택을 안 할 수 있으니 좋은 배움이지요.

삶이 무거우면 작은 실패 하나에도 땅이 꺼지듯 절망을 하게 됩니다. 그럴 때는 자신에게 "이거 하나 실패하면 뭐 어때서?"라고 말해 보세요.

라면을 먹기로 했는데 맛이 없다면, 다음에는 만두를 먹을 수도 있겠지요. 작은 선택을 통해서 크고 어려운 문제도 잘 선택할 수 있는 몸의 감각이 생기게 됩니다.

아이가 계단 오르기를 하려면 계단의 높이와 각도에 대한 몸의 감각이 성장해야 합니다. 나 자신에 대한 감각을 키우지 않고서는 선택이라는 계단을 오르기 쉽지 않지요.

　다른 사람에게 조언을 구해서 선택을 한 경우, 그 조언은 나에게 좋은 '참고'가 되어야 하지, 맹목적이어서는 안 됩니다. 원래 '선택' 은 '내가 필요한 것을 고르는 것', 즉 철저하게 자발성을 갖고 있는 말입니다. 그 모든 이유는 단 한 가지, 내 삶의 주인은 바로 나 자신 이기 때문입니다.

Story 06
"쉼표도 똑같이
중요한 음표야."

  큰아이가 네 살 무렵, 아이들과 어린이 연극을 구경 갔는데 출연
자 한 분이 피아노를 연주하는 장면이 있었습니다. 그때부터 큰아
이는 피아노를 치고 싶다고 했습니다. 안 그래도 음악이 평생 아이
의 절친한 친구가 되었으면 좋겠다는 생각이 늘 있던 차에 아이에
게 한 가지를 물어보았습니다.

  "우리 이안이 피아노 배우고 싶구나. 그런데 악기는 한번 배우기
시작하면 오래도록 배워야 연주를 할 수 있어. 오랫동안 배울 마음
이 있어? 그런 마음이 생기면 다시 엄마에게 얘기해 줘."

  아이들이 호기심에 악기를 시작하지만, 조금 어려워지거나 싫증
을 느껴 중간에 많이 포기한다는 소리를 지인에게 들었던 터라, 아

이의 마음이 좀 더 간절해지기를 기다려주었습니다.

여섯 살이 되자, 아이는 이제 피아노에 대한 마음이 간절해졌다면서 다시 이야기를 꺼냈습니다. 이렇게 해서 여섯 살 때부터 피아노를 치기 시작해서, 열두 살이 되어서는 영화 속 어려운 OST 음악도 제법 연주할 줄 알게 되었고, 처음 들은 연주곡도 피아노로 표현할 수 있게 되었습니다. 피아노를 배우던 중간에, 성악과 플롯에도 관심을 보여 학교 방과 후 수업을 이용해 틈틈이 배워 어느새 '꼬마 음악인'다운 면모를 갖추게 되었지요.

아이가 여덟 살 때, 학교 행사가 있어 일찍 퇴근한 어느 날이었습니다. 아이가 다니는 집 앞 피아노 학원에 아이와 함께 갔습니다. 아이가 레슨을 받는 동안 독서나 할 요량으로 책을 한 권 들고 갔지요. 오픈되어 있는 사무실 책상에 앉아 독서를 하려는데, 우리 아이가 연주하는 음악이 너무 좋아 내 귀를 사로잡더군요. 그 당시 한창 연습 중이었던 곡은 쇼팽의 〈Waltz No 6 In D Flat, Op. 64-1〉, 일명 '강아지 왈츠'로 유명한 곡이었습니다. 그때까지만 해도 빠르게 틀리지 않고 치는 것이 잘 치는 줄로만 알고 있었는데, 피아노 선생님이 아이에게 하시는 말씀이 들렸습니다.

"이안아, 쉼표도 똑같이 중요한 음표야."

그 말씀이 너무나 강렬해서 순간 머리를 한 대 맞은 듯했습니다.

아이들은 콩나물처럼 생긴 음표에만 집중하지만, 사실 음악의 완성은 쉼표에 있는 것이라고 하더군요. 그때부터 나는 쉼표의 중요성을 가슴속에 깊이 간직하며 생활하기 시작했습니다.

앞만 보고 빠르게 달려가는 것을 잘하는 줄로만 알았던 나에게, 악보의 쉼표가 주는 메시지는 너무나 컸습니다. 인생의 반년을 겨우 살아낸 나에게 요즘 가장 크게 다가오는 것은 성공이나 부나 명성이 아닌 '쉼표'에 대한 사색입니다. 꿈을 꾸고, 비전을 나누고, 그 꿈을 성취하려는 사람에게 가장 중요한 쉼표는 4F(Family 가족, Friend 친구, Feel 감정, Fail 실패)가 아닐까요.

나는 얼마나 많이 내 가족의 소중함을 생각하는가.

나는 얼마나 자주 내 친구의 애틋함을 떠올리는가.

나는 얼마나 깊이 내 진짜 감정을 느끼고 존중하려고 노력하는가.

나는 얼마나 진하게 나의 실패가 주는 메시지를 들여다보는가.

너무 일찍 우리 곁을 떠난 스티브 잡스가 삶의 끝자락에서 남겼다고 하는 유언이 있습니다.

이제야 나는 깨달았다.

삶을 유지할 만큼 적당한 재물을 쌓은 뒤에는 부와 무관한 것들을 추구해야 한다는 것을.

더 중요한 그 무엇이어야 한다.

어쩌면 이런저런 인간관계, 아니면 예술, 또는 젊었던 시절에

가졌던 꿈.

신은 우리에게 재물을 가져다주는 그 환상이 아니라 각자의

가슴 안에 있는 사랑을 느낄 수 있는 감각을 주셨다.

내 일생 동안 성취해 놓은 부를 내가 가져갈 수 없다.

내가 가져갈 수 있는 것은 사랑에 빠졌던 기억들뿐이다.

그 기억들이야말로 따라주고, 같이 해주며 살아갈 힘과 빛을 주

는 진정한 부다.

아이와의 소통이 어려울 때가 있나요? 잠깐 멈추고 가만히 아이
를 지켜만 보세요. 잠깐 멈추는 그 순간이 아이를 감정의 소용돌이
에서 끌어올릴 힘을 얻게 되는 소중한 시간이 될 거예요. 쉼표야말
로 인생이라는 악보에서 가장 중요한 음표니까요.

Story 07

내가 있는 지금
이곳에서 '소통하기'

학교 교사가 되고서 해마다 스승의 날이면 학생들에게 의식처럼 행했던 나만의 소통 방법이 있습니다. 바로 '달걀 삶기'와 '편지 쓰기'랍니다. 마음 같아서는 독수리 알이라도 삶고 싶지만, 달걀에라도 마음을 담아봅니다. 알에서 깨어나 멋지게 비상하라는 의미를 넣어서요.

한 아이가 물어봅니다.

"선생님, 오늘은 스승의 날인데 왜 선생님께서 우리에게 선물을 주시는 거예요?"

그래서 대답했습니다.

"그런 편견을 바꾸는 것이 진정한 교육이라고 생각하거든."

내가 대답했지만 썩 괜찮은 대답인 것 같아 마음속으로 괜히 한 번 더 웃었습니다.

부모님이 안 계신 한 아이가 편지에 이렇게 썼습니다.

"선생님, 저희를 아들이라고 불러주셔서 감사합니다."

가슴이 찡하게 저리는 묘한 감동이 몰려왔습니다. 이 아이는 부모가 얼마나 그리울까요. 너희들은 정성껏 물을 주고 햇빛을 쐬어 가꾸어야 하는 한 그루의 싱그러운 나무였구나!

스승의 날 소통하고자 하는 나의 작은 몸짓에 아이들은 1년 내내 학교생활 전체로 답해 줍니다. 그래서 깊이 깨달은 것이 있습니다. 내가 지금 있는 이 자리, 비록 때로는 삐걱거릴지라도 이 현장에서 사용하고 배우는 소통이 진짜 소통이라는 것을요.

사랑은 대단한 것이 아니라, '나의 것'에 집착하던 것을 비워내고 주위를 둘러보면 보이는 아주 작고 사소한 것임을 깨닫게 되지요. 타인을 마음으로 품는다는 것은 사소한 일상의 기쁨들을 그냥 지나치지 않고 내 것으로 잘 챙길 때 어느새 자연스럽게 생겨나는 마음임을 알게 됩니다.

내 아이를 제대로 볼 줄 알아야 세상도 제대로 보이는 것이고, 내 아이를 제대로 사랑할 줄 알아야 다른 아이들도 제대로 사랑하게 되는 것이고, 내 집에서 사랑을 배워야 밖에서 사랑도 줄 수 있는 것이지요.

'Here and Now.'

내가 있는 지금 여기, 이곳에서 할 수 있는 소통의 방법은 진심을 조금이나마 보여주는 것, 이것이 최선이자 최고의 소통법입니다.

2학년 4반 사랑하는 아들들!

담임과 학생으로 인연을 맺은 지도 벌써 두 달이 훌쩍 넘었구나.

선생님 눈에는 어린아이들로만 보이는 녀석들인데,

삐걱삐걱거리면서도 늘 밝고 명랑하게 잘 따라주는

너희들이 참 고맙다.

세상은 너희 중심으로 돌아가고,

한 사람 한 사람이 소우주라는 것을……

그래서 우리 모두가 똑같이 소중한 존재라는 것을 늘 기억해 줬으면

좋겠어.

아이들이 멋지게 비상하리라는 마음을 담은 계란과 편지

중학교 2학년 시기를 보내면서 친구 간의 우정에 대해서,
사랑의 가치에 대해서, 삶의 모습에 대해서 가장 크게 생각하고
무언가를 얻을 수 있는 우리가 되자. 공부로 인해
너무 큰 스트레스도 받지 말고,
학교생활이 버겁다고 너무 투덜대지도 말고,
서로가 서로를 응원하고 격려하면서
그렇게 신나게 재미나게 함께 해보자.

선생님이 뒤에서 한 사람 한 사람
늘 응원하고 박수치고 있다는 걸 꼭 기억해 주면 좋겠어.
너희들의 존재 자체가 선생님에게 참 고맙다.

Story 08

멘토, 삶의 고비를
만날 때마다
힘이 되어주는 길잡이

고등학교 2학년 어느 무더웠던 여름 날, 시외버스터미널 근처 길에서 책을 판매하는 한 남자를 만난 적이 있습니다. '카네기 전집'을 팔고 있었는데, 거절의 어려움이 있었던 나는 겁도 없이 그 사람이 말을 걸 때부터 무언가에 홀린 듯 따라가서 그 전집을 덜컥 사서 집에 들고 왔습니다. 전집 값은 입금해 주기로 하고, 계약서를 쓴 다음 그 무거운 전집을 들고 집으로 왔는데, 그 날이 내 사춘기 시절 중 아버지에게 가장 많이 혼났던 날로 기억합니다.

아버지가 소비자고발센터에 문의하고 그곳으로 전집을 다시 보냄으로써 그 일은 끝이 났지만, 아직도 내 기억 속에는 잊지 못할 커다란 사건입니다. 아버지에게 그렇게 호되게 혼나면서 내내 떠올렸던 한줄기 생각이 있었습니다.

고등학교 2학년 때 우리 반에는 내가 마음으로 참 많이 존경하는 친구가 한 명 있었습니다. 온유하고 따뜻하면서도 내면이 강해 모두와 소통이 가능했던 친구였지요. 많은 친구들이 그 친구를 좋아하고 따랐습니다. 절친한 친구로 가까이 지내면서 나는 친구끼리도 존경할 수 있다는 것을 이 친구를 보면서 알았습니다. 카네기 전집 사건이 있었던 그 날, 나는 유난히 그 친구 생각을 많이 했습니다.

'이 친구였다면 이럴 때 어떻게 했을까?'

고등학교 2학년, 거절하는 것이 착하지 않은 것이 아니라는 어렴풋한 깨달음. 그때만 해도 삶이 왜 이렇게 아픈지, 왜 이렇게 힘이 드는지, 왜 이렇게 불만 가득인지, 한 결 한 결 파헤치고 느끼고 깨닫기에는 너무 어린 나이였습니다. 단지 '사춘기'라는 말에 가려져 욕망을 감추어야 했고, 모든 욕망을 그럴듯한 꿈으로 포장하기에 바빴던 시기였으니까요. 내 옆에 근사한 멘토는커녕, 길잡이가 되어줄 만한 한 줄 가이드도 없이 그저 '어쩔 수 없는' 시간들을 위태롭게 보내고 있던 시기였으니까요.

그 와중에 나를 성장시켰던 한 가지 생각이 바로 '이 친구였다면 이럴 때 어떻게 했을까?'였습니다.

오랜 시간이 지나서 이 사건을 회상할 때 크게 얻은 것이 하나 있습니다. 내 옆의 근사한 멘토는 어느 날 갑자기 내 옆에 '짠!' 하고 나타나는 것이 아니라, 내가 스스로 마음속에서 만들어낸다는 것입니다. 아무리 훌륭한 사람이라 해도 내가 마음속에서 '멘토'라고 받아들이지 않는다면 그저 나와 동떨어진 훌륭한 사람일 뿐이지요.

그 후로 나는 아주 많은 멘토를 만들게 되었습니다. 지금도 계속 만들고 있고요.

아이가 태어나자마자 육아에 지치고 힘들어 우울증이 왔을 때 만든 내 마음속 '육아 멘토', 학교 교사가 되었을 때 모든 것이 어설펐던 내가 교사로서 학생들에게 좋은 선생님이 되고 싶어 만든 내 마음속 '선생님 멘토', 학교 업무에 치이고 시달려 스트레스가 극에 달했을 때 만든 내 마음속 '업무 멘토', 육아 강연을 하면서 모든 것이 서툴러서 말하는 연습만으로 하루를 전부 채워야 했을 때 만든 내 마음속 '강사 멘토', 전공 공부가 힘들고 논문 쓰는 것이 안개 속 같이 느껴질 때마다 내가 닮고 싶어 하며 만든 내 마음속 '교수님 멘토', 살면서 어릴 적 상처들이 올라와 삶을 포기하고 싶을 때 만든 내 마음속 '인생 멘토'까지.

일상을 살면서 고속 방지턱처럼 탁탁 걸리는 지점들을 만날 때마다 내가 떠올렸던 단 한 가지 생각은 '내 멘토였다면 이럴 때 어떻게 했을까?'였습니다. 이 물음이 나에게 주는 것은 생각보다 아주 컸습니다. 내가 내 자신에게 이 물음을 던질 때마다 그동안 살아오면서 만들어진 신념 체계가 아닌 나보다 더 멋진 마음속 멘토의 신념 체계를 그대로 흡수하고 그렇게 행동할 수 있었으니까요. 세상의 모든 이치는 바라보는 대로 닮아가기 때문입니다. 이것이 바로 '바라봄의 법칙'입니다.

멘토가 아닌 사람이 없다는 것을 깨닫기까지 아주 오랜 시간이 걸렸지만, 내가 걷고 밟아온 시간들 모두 나에게는 꼭 필요한 시간들이었음을 알게 되었습니다. 그 필요한 시간들이 있었기에, 이렇게 닮고 싶은 멘토가 이제는 내 옆에서 진심으로 조언해 주고, 직접 모델이 되어주고, 또 그 덕분에 나 스스로 삶 가운데서 작지만 새로운 창조를 해낼 수도 있으니까요.

크고 작은 삶의 고비들을 넘을 때마다 마음속에서 떠올릴 만한 멘토가 있는지요? 그렇다면 이렇게 생각해 보세요.

'나의 멘토였다면 이럴 때 어떻게 했을까?'

이 작은 생각 하나로 인해 막혀 있던 나의 신념 체계가 새로운 길로 접어들 물꼬를 트게 될 것입니다.

Story 09
스티커를 사용할 때는
'보상'이 아니라
'확인'하는 차원에서

아이가 말귀를 알아들을 무렵부터 아이의 독서를 위해, 심부름을 위해, 아이의 행동 교정을 위해서 탄생한 엄마들의 영원한 육아 조력자인 스티커!

유치원에서 아주 오래전부터 보편화되어 선생님들이 많이 사용하고 있고, 초등학교 저학년까지도 너무 많이 사용되어 부작용의 목소리가 높았던 시기도 있었습니다. 이 달콤한 스티커, 과연 안 쓰는 것이 최선일까요?

스티커의 사용은 엄마의 목적이 무엇이냐에 따라 전혀 다른 결과를 가져오게 됩니다.

사례1

엄마 수아야, 이 책 다 읽으면 엄마가 스티커 하나씩 붙여줄게.

수아 엄마, 그럼 100장 모으면 레고 장난감 사주는 거야?

엄마 그럼. 100권 읽어서 스티커 100개 모으면 엄마가 장난감 사 줄게. 그러니까 열심히 읽자, 알았지?

사례2

엄마 수아야, 동화책 하나 읽었어? 그럼 엄마가 읽었다는 확인의 표시로 스티커를 붙여줄게. 10개가 100개가 되고. 점점 늘어나면 우리 수아 진짜 뿌듯하겠다.

수아 응, 내가 얼마나 읽었는지 스티커를 보면 눈으로 확인되니까 한눈에 알 수 있겠네.

엄마 그렇지! 우리 이 나무가 스티커로 꽉 채워지는 날 멋지게 케 이크 파티할까?

수아 응! 너무 좋아, 엄마!

위의 두 사례는 스티커를 같은 상황에서 사용했지만 전혀 다른 용도로 사용되었다는 것을 알 수 있습니다. 두 사례 사이에는 결정 적 차이가 있습니다. 스티커를 보상 차원에서 사용하느냐, 단순 확 인 차원에서 사용하느냐에 따라 대화 내용도 전혀 다르게 전개되고, 스티커의 역할도 달라집니다. 그리고 아이가 독서를 대하는 태도까지 달라지게 되지요.

대화 내용을 잘 보면, 시작점에서 아주 단순한 차이를 알아차릴 수 있습니다. 사례1에서는 엄마가 아이에게 독서를 유도하기 위해 스티커를 먼저 언급합니다. 그렇게 되면 '조건'을 걸어버립니다. 엄마가 스티커로 조건을 걸었으므로 아이 역시 엄마에게 '레고 장난감'이라는 조건으로 화답합니다.

아이의 행동에 조건을 거는 순간 아이는 그 조건에 부합되는 것만 억지로 하게 됩니다. 그뿐인가요, 처음에는 레고 장난감이었지만 나중에는 자동차를 한 대 사달라고 할지도 모를 일입니다.

결국 보상으로 아이를 키우게 되면 아이는 그 보상에 길들여지게 되고, 스스로 결정하고 선택해야 할 자신의 문제를 전부 엄마의 보상에 맡기게 될 수도 있습니다. 아이는 자기 주도성을 잃게 되고, 부모와 아이의 관계도 나빠질 수 있지요.

사례2에서는 동화책 한 권 읽은 것을 스티커로 시각화해 주겠다고 말합니다. 아이 역시 엄마에게 자신이 읽은 독서의 양을 '확인'하는 차원에서 스티커를 반기는 모습이지요. 엄마는 여기서 그치지 않고 자연스럽게 축하 파티를 언급함으로써 아이가 독서를 좋아하게 만들고, 더 나아가 엄마와의 관계도 좋아지게 합니다.

어떤 일을 할 때 결과의 차이가 큰 이유는, 대부분 '작은 차이' 때문입니다. 그 작은 차이 하나로 세상을 움직이는 리더를 키워낼 수도 있는 일이지요.

잘만 사용하면 아주 유용한 스티커, 이제는 보상 차원이 아닌 확인 차원에서 엄마와 아이 모두에게 좋은 동기를 부여해 줄 수 있는 도구로 사용해 보세요. 아이도 분명히 스티커를 통해 자신의 성취에 뿌듯함을 느끼게 될 것입니다.

Story 10

아이와 함께
세상을 사랑하게
되는 방법

국어 수업시간에, 교과서에 나오는 마당극을 공부하면서 비슷한 메시지를 담은 짧은 영상(EBS 지식채널, 〈따뜻한 밥 한 끼〉)을 학생들에게 소개한 적이 있습니다.

영상의 내용은 어느 대학교의 청소 노동자들에 관한 실제 이야기였습니다. 그 대학교 청소 노동자들의 하루 식대는 400원(2013년 기준)이었습니다. 우리 학생들은 모두 자신의 눈을 의심했습니다. 여기저기서 터지는 말소리가 들렸지요. "400원 맞아? 힐! 400원으로 뭘 먹으라는 거야?" 게다가 그분들이 식사를 하시는 곳은 별도의 휴게실이 아니라 화장실 옆에 딸린 작은 창고였습니다.

'400원'이라는 글자 앞에서 모두의 마음속에서 느끼게 된 '사회의 부조리함'. 이 사실을 제일 먼저 알게 된 것은 그 대학교의 학생들이었습니다. '아무리 생각해도 이건 아니다!'라고 생각한 학생들은 "총장님! 400원으로 밥 한번 먹어보실래요?"라는 문구를 적은 현수막을 내걸기 시작했고, 수많은 투서와 대자보로 평화 시위를 이어갔습니다.

그렇게 싸우기를 2년. 드디어 식대는 400원에서 3,700원으로, 시급 4천 원대에서 6천 원대로 인상되는 기쁨의 결과를 얻게 되었습니다. 청소 노동자 아주머니들은 평소에도 자주 인사하고 살갑게 구는 학생들이 지나가면 밥 한술 뜨고 가라면서 당신들의 밥을 조금씩 모아 한 공기를 만들어주곤 하셨다고 합니다.

이분들은 학생들의 사랑으로 얻게 된 인상된 식대를 그냥 받을 수 없다며 '민들레 장학금'이라는 장학 제도를 만들어 어려운 학생들을 다시 돕는, 그야말로 선순환의 세상을 만들어냈습니다.

이 장면을 보면서 우리는 가슴 찡한 감동을 함께 느꼈습니다. 어쩌면 세상은 사회적 약자들에 의해 쓰인 작은 감동 스토리가 있기에 따뜻함을 이어가고 있는지도 모르겠습니다.

사회에 조금만 관심을 갖고 눈을 돌리면 불평등한 부조리함, 모순적인 제도들과 어렵지 않게 만날 수 있습니다. 그러나 정작 사회에 나가서는 그 부조리한 사회 제도를 '바꾸려고' 힘을 쓰는 것이 아니라, 그 안에 '들어가기' 위해 힘을 씁니다. 참 아이러니하지요.

세상을 바꾸어야겠다는 거창한 포부까지는 아니더라도, '아무리 생각해도 이건 아니다.' 싶은 마음이 자연스럽게 드는 공동체적 양심은 부모에게서만 배울 수 있다는 것을 우리는 잘 알고 있습니다. 건강한 도덕성의 기준은 정서적 친밀감이 가장 강한 사람의 영향을 받을 수밖에 없기 때문이지요.

가정에서 사회적 약자나 사회의 모순적인 제도에 관심을 갖게 한다면 아이의 가치관 형성에 큰 영향을 미치게 됩니다.

한두 개 실천하던 작은 생활 습관들이, 아이들이 커가면서 조금씩 확장되고 있는 것 같아 마음이 따뜻해짐을 느낍니다.

하나, 옆집에 혼자 사시는 할아버지, 할머니께 음식 나눠 드리기

음식을 넉넉하게 만들면 아이들 손에 들려 전해 드리고는 하는데, 칭찬을 받고 오는 게 좋아서인지 이런 심부름은 서로 하려고 합니다.

둘, 가족 단위로 작은 기부 실천하기

저희 집은 '5k 운동'(내가 사는 곳의 반경 5킬로미터 이내에 가난으로 힘들어하는 사람들이 없게 하자는 운동)에 동참하여, 작은 저금통에 수시로 동전을 저금합니다. 처음부터 '함께' 하는 것이라는 인식을 주기 위해 아이들과 충분히 이야기를 나눈 뒤, 엄마 먼저 동전을 넣었더니, 이제는 습관이 되어 아이들도 잘 넣습니다.

셋, 사랑과 나눔을 실천하는 따뜻한 영상 함께 보기

학교에서 수업 자료를 준비하기 위해 검색하다 좋은 영상을 찾으면 아이들과 꼭 함께 다시 봅니다.

넷, 평소에 나눔을 실천할 수 있도록 격려하고, 나눔 환경 만들어주기

아이들이 학교 수업 준비물을 살 때 꼭 두 개를 사서 보냅니다. 미처 준비해 오지 못한 친구를 위해 챙기는 것이지요. 타인을 배려할 줄 아는 아이들로 키우기는 생각보다 어렵지 않습니다. 내가 바빠서 깜빡 잊으면 우리 아이들도 다른 친구들에게 자연스럽게 도움을 요청하게 되니까요.

다섯, 밥상머리에서 사회적 약자에 대한 주제로 토론하기

식사 시간에는 아주 다양한 주제들이 오갑니다. 주로 가벼운 일상을 나누는 일에서부터, 사회에서 이슈가 되는 사건들에 대한 이야기를 나누지요. 가끔씩 사회적 약자들에 대한 생각이나 경험들을 나누는 시간들을 갖고 있습니다.

한번은 아이가 스웨덴 국회의원과 우리나라 국회의원의 특혜를 비교한 표를 보고 와서는 "엄마! 이런 법은 도대체 누가 만드는 거야?" 하면서 씩씩거리는 겁니다. 많은 사람들이 이런 제도가 말도 안 된다고 생각하지만, 사실은 너도나도 이 제도권의 혜택을 받고 싶어서 애를 쓰고 있는 웃지 못할 현실에 대한 이야기로 마무리를 지었습니다.

아이 마음속에 어떤 가치관이 만들어지고 있는지는 아이만이 알겠지요. 그렇지만 최소한 "와! 이렇게 좋은 혜택을 받다니. 엄마, 나도 나중에 커서 국회의원 할래."라고 말하지는 않았다는 겁니다.

여섯, 같은 반 학생들과 해외 결식 아동 한 명 정해서 후원하기

'후원'이란 단어에는 '뒤에서 도와주다'라는 의미도 있지만, '지지하다, 옹호하다'라는 의미도 담겨 있습니다. 너의 상황이 어떻든 너를 조건 없이 지지하며, 네 편이 되어주겠다는 의미지요.

한 달에 천 원씩 총 31,000원을 매달 월드비전에 보내서 우리 반이 지원하고 있는 후원 아동과 편지를 주고받고 있습니다. 처음에는 학생들이 돈을 아까워하는 듯했지만, 후원 아동과 편지를 주고받으면서 자연스럽게 생긴 애정 어린 마음으로 기부하는 데 적극적입니다.

우리나라에서도 대학교 기말고사 시험문제에 "우리 강의실을 청소해 주시는 분의 성함을 쓰시오."라는 문제를 내는 분들이 있다고 합니다. 가슴이 따뜻해지는 일이 아닐 수 없습니다.

'배려'는 돈이 아니라 가치관입니다. 주류권의 제도 안에 들어가려는 가치관보다 모순된 제도를 바꾸려는 가치관, 성공의 신화에 매력을 느끼는 가치관보다 개인의 의식을 성숙한 차원으로 높이려는 가치관, 내가 베푼 자선에 상대적 우월감을 느끼는 가치관이 아니라, 모든 존재가 수평의 관계에 있다고 믿는 평등적 인권에 대한 가치관. 이 모든 가치관 뒤에는 '사랑'이라는 따뜻한 배려가 있습니다.

05

부모와의 관계가
좋은 아이가
배움도 즐거워한다

Story 01

생각을 마음껏
누리게 하는
무한 반복 읽어주기

아이를 키우다 보면 엄마가 지치는 경우가 많습니다. 시도 때도 없이 이거 하자, 저거 하자 졸라대고, 밤에는 왜 그리 자주 깨는지, 그리고 아이가 잠들 때면 왜 그리도 내 눈과 정신은 말짱해지는 건지!

엄마의 기준을 넓히는 것이 좋다고 하는데, 내 기준은 세숫대야만 하고 옆집 엄마는 바다만 한 것 같습니다.

아이를 키우면서 책을 읽어주는 게 좋다고 하여 '많이' 읽어주려고 노력하지만, 이때 브레이크를 거는 것이 바로 '반복'해 달라는 아이의 요청입니다. 똑같은 책을 "또!" 읽어달라고 할 때, 열 번쯤 읽고 나면 정말 '지겹다'는 생각이 머릿속을 빙빙 돕니다.

엄마가 보기에는 똑같은 내용의 책인데, 아이는 무엇을 또 볼 게 있어서 계속 읽어달라고 하는 건지 이해가 잘 안 갑니다. "또!" 소리만 들으면 괜히 몸도 더 피곤해지는 것 같습니다. 차라리 다른 책 한 권을 '더' 읽어달라고 하면 뿌듯한 마음에 신나게 읽어주겠는데 말이지요.

책을 많이 읽는 게 좋다고 하니까 대부분의 엄마들은 '많이'라는 말에 초점을 맞춥니다. 그러나 독서의 본질은 생각하고 상상해서 그 생각을 마음껏 누리는 데 있습니다.

많은 학생들이 "선생님! 국어가 너무 어려워요."라며 고충을 토로합니다. 중학생 아이들보다 고등학생 아이들이 훨씬 더 국어를 어려워합니다. 중학교 과정까지는 주입식 교육으로도 별 무리 없이 따라왔지만, 고등학교 교육 과정은 복합적인 사고를 요구하기 때문에 어렵게 느껴지는 것이 당연하겠지요.

'사고'는 깊이 생각하는 것, 즉 생각의 힘을 말합니다. 아무리 좋은 국어 공부법이 많이 나와 있어도, 아직까지는 독서만 한 방법이 없습니다. 독서야말로 종합적이고 복합적인 사고력을 키우는 데 더할 나위 없는 방법이지요.

그럼에도 불구하고 조금 큰 학생들이 독서의 중요성을 피부로 느끼지 못하는 가장 큰 이유는, 독서를 한다고 해서 단기간에 시험 성적이 오르거나 갑자기 똑똑해지는 등 그 효과가 눈에 띄게 나타나는 것은 아니기 때문입니다. 따라서 독서의 즐거움을 알 수 있도록 하는 것은 아이가 어릴 때일수록 좋습니다.

그런데 다독에만 초점을 맞추면 아이는 중심 스토리 위주로만 파악하게 됩니다. 그러고는 책 한 권을 다 읽었다고 하지요.

실제로 읽은 책의 권수를 강요하는 부모라면 아이가 스토리를 즐기고 상상하는 것을 기다려주는 것을 굉장히 힘들어합니다. 그러니 아이 입장에서는 권수 채우는 것이 목표가 되어버려서 진정한 독서의 맛을 알기 어렵지요. 중심 스토리가 책의 핵심이자 기본인 것은 맞지만, 이것은 독서의 진정한 의미를 잘 모르는 이야기 아니런지요.

글쓰기가 작가의 삶을 풀어내는 열정이라면 작가가 쓴 글을 만나는 독서 역시 작가의 열정을 만나는 여행 같은 것입니다. 우리는 여행할 때 목적지만 바라보며 가지는 않습니다. 여행에서 목적지만 바라보고 간다면 그 여행은 얼마나 각박할까요. 그 여정에서는 풍경에 대한 자유로운 사고도, 예기치 않은 다른 상황을 유연하게 풀어낼 여유도 없지요.

〈토끼와 거북이의 경주〉의 한 장면을 보면, 큰 아이들은 학습된 독서 때문에 '토끼와 거북이'에만 초점을 맞춥니다. 하지만 자유롭게 상상할 수 있는 기회를 가졌던 아이들은 그림의 구석구석을 살펴보면서 생각의 틀을 정하지 않고 마음껏 상상의 날개를 펼칩니다. '하늘을 날아다니는 참새들은 무슨 이야기를 하고 있을까?', '저 길의 끝은 어디로 이어져 있을까?' 주변까지 골고루 살피는 이런 생각들로 삶을 배워나가는 것이 우리 사회의 구석진 곳까지 따뜻한 시선을 보내는 좋은 리더의 마인드가 아닐까요.

유아 시기에 부모가 읽어주는 책에 "또! 또!"를 외칠 때 부모들의 표정은 다양해집니다. 아이가 원하는 만큼 무한 반복해서 읽어주는 것이 생각처럼 쉽지는 않지요. 그러나 반복의 힘만큼 생각을 마음껏 누리게 하는 것도 없습니다. 한 번 보는 것과 열 번 보는 것의 확연한 차이, 그것은 '생각의 여유'입니다.

만 권의 독서도 결국은 한 권에서 시작합니다. 독서는 학습되는 것이 아닙니다. 스스로가 의미를 재구성해 나가되 그 틀이 무한정한 것입니다.

미국의 대중소설 작가인 스티븐 킹은 글쓰기를 '정신 감응'이라고 했습니다. 우리는 하나의 작품을 통해 수천 년 전의 작가와도 정신 감응을 할 수 있지요. 독서의 진정한 매력은 여기에 있습니다. 감동은 마음속에 아주 긴 여운을 남기니까요.

타인의 고통에 공감할 줄 아는 윤리적 감수성, 예술의 세계에 대해 진정으로 이해하게 되는 예술적 감수성, 새로운 지성을 만났을 때의 감동인 지적 감수성, 내가 꿈꾸고 생각하는 것이 무엇인지 알게 되는 자기 성찰적 감수성 등, 감동과 생각을 누리는 독서가 이런 감수성을 자라게 합니다.

아이의 반복 욕구를 충분히 채워주세요. 생각이 쌓이다 보면 다독은 독서의 즐거움을 누리는 아이에게 주어지는 선물 같은 것입니다. 책 속으로 자유롭게 여행을 하고 온 아이의 눈을 바라보세요. 그 아이의 눈은 분명히 '행복'을 말하고 있을 거예요.

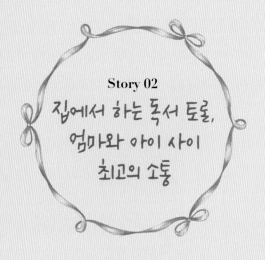

Story 02

집에서 하는 독서 토론,
엄마와 아이 사이
최고의 소통

특별한 독서 지도 방법이 따로 있는 것도 아니지만, '독서 지도'
라고 하면 마치 전문가만 할 수 있다는 생각이 일반적입니다. '독
서는 책을 읽는 것인데 굳이 지도하는 사람이 필요할까?'라는 생각
이 들다가도, 내 아이가 책을 좋아하지 않을 때 더 잘 읽히고 싶은
마음은 어느 부모에게나 있는 법이어서 우리는 '독서 방법'이라고
하면 귀를 기울이게 됩니다.

국어 과목을 담당하다 보니, 어린 시절부터의 독서가 얼마나 중
요한지 매 수업 시간마다 절실히 느끼게 됩니다. 국어라는 과목이
우월해서가 아니라, 국어는 모든 학습의 기초가 되는 '이해력'과 관
계가 깊기 때문이지요.

많은 부모들은 독서의 중요성을 알고 있고, 또 독서한 내용으로 토론을 하며 '생각하는 힘'을 기르는 것이 중요하다는 것을 알고 있습니다. 하지만 집에서 독서 토론을 쉽게 접근하기란 여간 부담스러운 일이 아닙니다. 이 부담감에는 내가 이쪽 전공이 아니라서 '전문성'이 떨어질 거라는 불안감이 깔려 있지요.

그런데 독서 토론은 결코 전문성이 필요하지 않다는 사실을 안다면, 이처럼 쉬운 것도 없습니다. '토론'이란 결국 자신의 생각을 말하는 것이지, 정답이 따로 있는 것은 아니기 때문이지요. 그래서 전공자의 입장이 아니라 '엄마'의 입장에서 독서 토론을 쉽게 잘할 수 있는 방법을 나누고자 합니다.

큰딸 이안이는 4학년이 되면서부터 '고전'에 관심을 갖기 시작했습니다. 〈빨강머리 앤〉, 〈왕자와 거지〉, 〈피노키오〉, 〈비밀의 화원〉 등을 읽기 시작했지요. '고전'이 고전이라는 이름을 달 수 있었던 가장 큰 이유는 수많은 시간들의 풍파를 잘 견뎌냈기 때문입니다. 그만큼 인류의 지성들이 증명해 온 작품이지요.

고전이 고전일 수 있는 또 다른 이유는 그것을 해석하고 받아들이는 데 있어서 정답이 없기 때문입니다. 파고 파도 또 나오는 샘물 같은 보석을 깊숙이 간직하고 있으니 '열린 사고'를 하기에 고전만큼 좋은 텍스트도 없습니다.

그렇지만 토론할 책으로 고전만 고집할 필요는 없습니다. 어떤 책이어도 상관없지만, 지금 아이가 좋아하고 있는 분야의 책으로 시작하는 것이 가장 좋습니다.

토론의 기본은 '생각한 것을 말하기'입니다. 모든 아이들이 책을 읽고 그 책에 대해 다양한 각도로 생각해 보는 것은 아닙니다. 즉 줄거리를 잘 말한다고 해서 독서를 잘했다고 단정짓는 것은 곤란하다는 이야기입니다. 굳이 비유하자면 똑똑한 것과 현명한 것의 차이라고나 할까요.

독서의 목표는 아이를 '똑똑하게 만들기 위해서'가 아닙니다. 책을 통해 삶의 지혜를 배우고, 자신의 삶을 온전히 살아가는 길을 모색하는 것이어야 합니다. 그렇기 때문에 '토론'의 시간이 값진 것이겠지요. 토론을 할 때는 부모인 우리가 생각거리를 던져주면 되는 것이지, 따로 토론의 틀이 정해져 있는 것은 아닙니다.

시중에 나와 있는 다양한 독서 토론 관련 책들을 분석해 보면 결국 '다양한 각도로 생각해 보게끔' 이끌어주는 것이 포인트임을 알 수 있습니다.

가장 좋은 토론은 '내 생각을 말하고, 타인의 생각을 들어보는 것'입니다. 부모가 아이디어가 많아서, 등장인물의 감정을 날씨로 표현해 보게 한다거나, 책 속에 나오는 인물의 외양 묘사를 그림으로 표현해 보게 한다거나, 주인공에게 편지를 쓴다거나 하는 것들은 '흥미'를 위해 중요한 역할을 하기도 합니다.

그러나 주의해야 할 것이 있습니다. 독서에서 외형적인 흥미에 치중하게 되면 깊은 사고에 들어가기 바로 전에 책 한 권을 끝내버릴 위험이 있습니다. 어느 정도의 흥미는 중요하지만, 독서 토론은 결코 아이디어 싸움이 아닙니다.

주입식으로 학습한 학생들이 수업 중에 가장 많이 하는 질문은 "선생님, 이 시에 나오는 소재는 좋은 거예요, 나쁜 거예요?"입니다. 이런 질문을 받으면 웃을 수 없는 상황이 연출되는 원인을 어디서 찾아야 할지 난감하기만 하지요. 생각을 열어 마음껏 사고하는 경험을 하지 않았기 때문에 꼭 정답을 찾으려고 하고 흑백으로 나누려고 하는 겁니다.

이런 질문들을 수도 없이 받을 때마다 가슴이 답답해져 옴을 느낍니다. 원래부터 이렇게 꽉 막힌 사고를 하는 아이는 아니었겠지요? 이러한 아이들을 어떻게 가르쳐야 할지 고민에 고민을 거듭하게 됩니다.

이 세상에는 정답이 없는 것들이 너무나 많습니다. 그러면 '열린 사고'를 하기 위한 구체적인 방법을 살펴볼까요?

아이와 '함께' 할 때 가장 중요한 것은 무엇을 정하든지 토론 형식으로 아이의 의견을 존중해 주는 것입니다. 엄마가 의욕이 너무 앞서 혼자서 다 정해 놓으면 이 토론은 처음부터 잘못된 방향으로 흘러갈 가능성이 아주 높습니다. 아이는 스스로 하고 싶어 하지, 부모가 시키는 것을 하고 싶어 하지는 않으니까요.

독서 토론 방법

1 현재 아이가 좋아하는 책으로 엄마도 같이 읽자고 제안한다.

2 함께 읽는 기간을 정해서 각자 그 기간 안에 책을 읽은 다음 독서 토론을

  해보자고 제안한다.

3 텍스트 하나에 두세 개의 열린 질문을 질문지로 만들어 공유한다.

4 스스로 생각하고 답을 쓸 수 있는 시간을 갖는다.

5 자신의 생각을 말할 시간을 갖는다.

6 선정한 책의 분량에 따라 읽을 기간을 조정한다.

이때 아이와 협력해서 일종의 규칙을 미리 만들어놓는 것이 좋습니다.

1 다른 사람이 이야기할 때는 잘 듣는다.

2 어떤 답을 이야기해도 비웃거나 비난하지 않는다.

3 토론에는 정답이 없음을 인지한다.

4 책 선정은 아이와 함께 한다(미리 열 권 정도 목록을 정해 두면 좋다).

5 아이가 한 명이거나 둘째가 어리다면, 가까이에 사는 친구와 함께 하면

  좋다(그렇지만 엄마인 진행자를 포함하여 다섯 명 이상을 넘지 않는 것이 좋다).

우리들의 첫 텍스트는 둘째아이가 읽고 있던 〈아낌없이 주는 나무〉였습니다. 독서 토론 방법에서 가장 부담스러운 '질문지 만들기'의 내용을 공개해 봅니다.

1 〈아낌없이 주는 나무〉에서 나무의 사랑 방법은 좋은 것일까요?

2 원서 〈The Giving Tree〉에서는 나무를 'he'가 아니라 'she'로 표현했는데 왜 'she'라고 했을까요?

3 나의 사랑 표현법은 어떤 것인가요?

4 엄마 아빠가 어떤 사랑 표현을 할 때 가장 기분이 좋은가요?

위의 문제는 전혀 전문적인 냄새가 나지 않습니다. 전문 학습지를 보고 만든 것이 아니라, 책을 읽고 생각나는 대로 질문으로 만들었기 때문이지요. 독서 토론에서 부모가 할 일은 처음 토론을 시작할 때 대화를 이끌어가는 역할을 하는 것이고, 질문지를 만들기 위해 책을 읽는 것입니다.

'열린 질문'이란 정답이 정해져 있지 않은 질문을 말합니다. 아이들은 정답이 정해지지 않은 질문을 좋아해서 아주 기발하고 다양하고 재미있는 답을 하게 마련입니다.

〈피노키오〉의 질문지 중에 '여러분도 부모님에게 거짓말을 해본 경험이 있나요?'를 넣었더니 거짓말했던 사건들을 순수하게 쓴 경험은 무척이나 감동적이었지요.

엄마와 무언가를 한다는 것에 아이들은 처음은 어색해하기도 했고, 규칙들을 정하는 과정에서 의견 대립이 있기도 했지만, 횟수가 거듭될수록 우리의 독서 토론 시간은 아이들이 기다리는 시간이 되었답니다.

독서 토론에서 자신의 이야기를 귀기울여 들어주는 사람들이 있다는 사실은, 존중받는다는 느낌으로 가득 차는 기분 좋은 경험이지요. 게다가 서로 다른 사람의 이야기를 듣는 과정도 재미있답니다.

처음에는 자신의 생각을 나누는 데 어색해했던 둘째아이가 질문지까지 스스로 만들어내는 바람에 엄마의 역할은 거의 없을 정도가 되었습니다.

아이가 자신의 생각을 말할 때는 그저 공감의 말로 "너는 그런 생각을 했구나!" 하고 인정해 주면 됩니다.

생각에도 씨앗이 있습니다. 처음의 씨앗은 아주 작아서 어떻게 자랄까 걱정되지만, 씨앗에게 어떤 기회를 주느냐에 따라 생각나무가 작을 수도 있고 크게 자랄 수도 있지요.

질문지의 질문은 아무거나 좋습니다. 마음 같아서는 정말 아무렇게나 '툭!' 생각나는 대로 적으라고 하고 싶습니다.

독서를 통해 아이가 '생각'의 기회를 갖게 하는 것이 중요합니다. 엄마의 열린 질문이 아이에게는 전문적인 선생님보다도 귀한 기회를 주니까요. 내 아이를 가장 잘 아는 사람은 이 세상에 단 한 사람, 엄마뿐입니다. 생각의 기회를 가진 뒤, 그 생각을 서로 이야기할 수 있는 것이야말로 엄마와 아이 사이의 최고의 소통 아닐까요?

　아이에게 최고의 전문가는 '엄마'라고 생각하는 순간, 아이의 생각나무가 크게 자랄 '기회'를 주는 사람은 엄마임을 깨닫게 될 것입니다.

Story 03
독서로
기초를 다져가는
'아이의 사회성'

독서에만 빠지는 아이들의 사회성을 우려하는 내용의 칼럼을 읽은 적이 있습니다. 그 글의 참뜻을 깊이 받아들이면서, 한편으로는 사회성을 위한 '독서'의 진가를 느낄 수 있는 글을 써보고 싶은 마음이 들었습니다.

흔히, 머리로 아는 것은 진짜 아는 게 아니라고 하지요. 또, 머리에서 가슴까지의 길이 가장 멀다고도 합니다. 그렇기에 '일상에서 변화가 없다면 그것은 과연 진짜 아는 것일까?'라는 물음은 내 자신에게도 필요하지요.

한 사람의 전 생애에서 사회성은 매우 중요합니다. 그래서 '사회성'의 가장 중요한 이론을 정립했던 에릭슨의 이론을 배경으로 독서에 대한 이야기를 해보려고 합니다.

출생 후 1년간을 에릭슨이 가장 중요하게 여겼던 이유는 이 시기에 쌓아야 하는 '신뢰감'이 그 사람의 사회적 관계에 큰 영향을 미치기 때문입니다.

세상에 대한 아이의 신뢰는 엄마를 통해서 가능하다고 하지요. 아이는 엄마가 느끼는 감정을 그대로 느낍니다. 언어로 의사소통을 하는 것이 아니라, 느낌으로 의사소통을 하는 단계라고 할 수 있습니다. 말 그대로 엄마가 보내는 '눈빛'과 '에너지'를 온몸으로 받는 것이지요.

푸름 아빠의 강연 중에 "아이가 울면 3초 안에 달려가 안아주라." 고 했던 것도 이 시기에 아이는 엄마를 통해 세상에 대한 신뢰감을 형성하기 때문입니다.

또한 이 시기는 '애착 형성기'라서 엄마 아빠의 사랑을 느끼고 가족의 사랑을 만끽할 수 있는 내용의 따뜻한 그림책을 읽어주는 것이 좋습니다.

새로운 세상을 창조하며 변화를 이끌어가는 좋은 리더들은 대부분 가슴이 따뜻한 사람들입니다. 〈달님 안녕〉, 〈언제까지나 너를 사랑해〉, 〈내가 아빠를 얼마나 사랑하는지 아세요〉, '푸름이 베드타임스토리' 등과 같은 책은 아이의 정서에 좋은 책입니다.

2~3세는 '자율성'이 자라는 시기인데, 무엇보다 아빠의 역할이

굉장히 중요합니다. 아빠가 아이의 행동을 대범하게 허용해 주고 실수도 뒤에서 묵묵히 봐주는 역할을 해준다면, 아이는 자율성을 마음껏 발달시키고 수치심은 최소화하게 됩니다.

이 시기에 발달된 자율성이 꽃을 피우는 때는 공부를 마음껏 즐겨야 하는 청소년기입니다. 바로 '자기 주도 학습'이 그 열매라고 할 수 있지요. 자기 주도 학습은 다 커서 프로그램으로 배우려면 힘이 듭니다. 하지만 이 시기에 아이의 자율성을 존중해 주면 자신이 터득할 수 있답니다.

더불어 아이가 일상생활을 하면서 스스로 선택할 수 있게 배려하면 자존감도 높아집니다.

이 시기에는 양치질을 혼자 하거나, 부모의 손을 잡지 않고 계단을 오르는 등 아이가 스스로 해내는 내용의 동화책을 읽어주면 좋습니다. 지나친 통제는 수치심과 좌절감을 가져오고, 지나친 자유는 아이에게 불안과 사랑받지 못할 것이라는 느낌을 갖게 하므로 주의해야 합니다.

4~5세는 '주도성'을 키우는 시기입니다. 자신의 생각을 주도적으로 표현할 수 있도록 돕는다면 표현력이 폭발적으로 늘어나게 되지요. 다양한 책을 읽어주고 흥미 있어 하는 내용으로 간단한 토론을 유도하는 것이 좋습니다.

"이 새는 어디로 날아가고 있을까?", "저 개미는 무슨 생각을 하고 있을까?" 등 정답 없는 질문을 가끔 던져보면서, 아이의 사고에 근육이 생길 수 있게 해줄 필요가 있습니다.

이때부터는 서점이나 도서관에 함께 다니면서 책 선택도 아이에게 맡기는 것이 효과적입니다. 환경은 부모가, 선택은 아이가 할 수 있게끔 배려해 주세요.

6~12세까지는 유치원이나 학교에서 '사회생활'을 하는 시기입니다. 이 시기에는 무언가 과업을 성취하는 내용의 책이 좋습니다. 독서를 통해 '가능성의 씨앗'이 아주 크게 자랄 수 있는 절호의 기회입니다. '고전' 읽기도 이 시기부터 시작하면 좋답니다.

또한 직접 만나는 사회를 간접적으로 경험할 수 있는 내용의 책을 볼 수 있도록 하는 것도 효과적입니다.

인생의 가장 큰 과도기라고 할 수 있는 사춘기에서 청년기까지는 '자아 정체감'을 형성하는 시기입니다. 그 이전까지의 삶을 이끄는 원동력은 '흥미'와 '재미', '놀이'였으나 이 시기에 꼭 필요한 것은 '멘토'입니다. 독서를 통해 좋은 멘토를 찾을 수 있게끔 해주면 더할 나위 없이 좋습니다.

이 시기는 학교에서도 진로, 적성, 꿈과 관련하여 다양한 활동들을 하면서 탐색의 시기를 갖기 때문에 독서를 통해 결정적 기회를 만나게 해주는 것은 정말 중요합니다.

청년기에서 성인기까지는 친밀감을 형성하는 '사회적 원숙기'입니다. 배우자를 만나는 때이므로 가장 중요한 독서 중 하나는 서로 다른 성에 대한 기본적 지식과 다름을 인정할 수 있는 '이해'에 관한 독서가 아닐까 합니다.

사랑한다면서 서로에게 상처를 낸다면 마음이 미숙하다기보다는 상대방에 대해 잘 모르고 있기 때문이지요. 사랑하니까 알아가는 것 같지만, 실제로는 알면 사랑이 즐겁고 쉬워집니다.

성인기에서 중년기까지는 육아서와 심리서를 통한 '치유'와 관련된 독서가 좋습니다. 이 시기에 가장 두려운 것은 내 상처로 인해 내 삶뿐만 아니라 자녀에게까지도 독이 될 수 있다는 사실이지요. 지금까지의 삶에서 잃어버린 과거가 있다는 생각이 든다면 이 시기가 과거를 뒤집어볼 수 있는 절호의 기회입니다.

노년기는 '자아 통합'이 이루어지는 시기입니다. 삶의 목표가 지금까지와는 차원이 달라지며, 걸어온 인생을 정리하는 과정에서 절망감을 처리하는 문제가 가장 심각해질 수 있습니다. 그래서 이 시기에는 명상 서적이나 종교 서적 등 영적인 내용의 책을 읽으며 내려놓기를 연습해야 합니다.

현재 나의 순간이 어디에 있든지, 현재 내 아이의 순간이 어디에 있든지 그 순간이 중요한 이유는, 그 이전에 부정적인 정서가 이어졌다 하더라도 우리가 갖고 태어난 '가능성의 씨앗'은 없어지지 않기 때문입니다. 마치 부모의 사랑을 받지 못하여 불신감이 가득한 아이라 할지라도 학교에서 좋은 선생님을 만나서 사랑을 받으면 건강한 정서를 가질 수 있는 것과 같습니다.

아이에게 왜 책을 읽어주는지 스스로에게 먼저 물어보세요. 독서 자체가 목적이 되면 부모의 욕심으로 아이의 사회성이 떨어질 수밖에 없습니다. 책 안에 있는 세상에만 아이를 가두게 되니까요. 독서를 통해 좋은 영향을 주고 싶다면 먼저 아이의 정서를 채워주면 됩니다. 물론 꼭 독서가 아니어도 좋지만, 독서만큼 다양하고 다원적이고 다채로운 영향을 주는 것도 없으니까요.

머리로 아는 사회성이 아니라, 삶에서 이루어지는 사회성은 독서로 그 기초를 다질 수 있습니다. 진짜 독서야말로 정서 발달에 좋은 영향을 주어 사회성을 균형 있게 발달시키는 좋은 매개체가 될 것입니다.

Story 04
책 읽어주기,
아이와 행복을 나누는
소통의 시간

"엄마, 나 책 읽어주세요."

"아니야, 엄마! 나 읽어줘요."

아이가 둘인 집은 독서 육아 하기도 참 힘이 듭니다. 두 아이의 욕구가 서로 동시에 올라오니 엄마는 하나인데 둘 다 채워줄 수도 없고, 둘 다 안 채워줄 수도 없고 참으로 난감하지요.

보통은 두 아이가 이렇게 매달리면 엄마는 짜증이 나고 힘이 들어 둘 다 채워주는 것을 포기하기 일쑤입니다. 그리고 나서 엄마는 엄마 역할을 제대로 하지 못한 것 같은 죄책감과 아이들이 똑똑하게 자라지 않을지도 모른다는 불안감, 나도 지쳐서 죽겠는데 어떻게 하느냐는 원망이 뒤섞여 점점 더 힘들어집니다.

아이가 둘일 때 책을 읽어주는 좋은 방법을 몇 가지 소개해 봅니다.

하나, 소통을 통해 독서의 순서와 양을 정하기

이안 엄마, 나 책 읽어주세요.

수아 아니야, 엄마! 나 읽어줘요.

엄마 이안이도 책을 읽고 싶고, 수아도 책을 읽고 싶구나. 엄마가 읽어주는 책이 재미있지? 엄마는 이안이 책도 읽어주고 싶고, 수아 책도 읽어주고 싶은데, 엄마는 한 사람이고 이안이랑 수아는 두 사람이라 결정하기가 너무 힘들어.

이안 나부터 읽어줘요!

수아 아니야, 내가 먼저야!

엄마 잠깐만! 엄마는 우리 모두에게 좋은 방법이 분명히 있을 거라고 생각해. 이안이도 좋고 수아도 좋고 엄마도 좋은 그런 방법을 우리 같이 찾아보자.

이안 음…… 그럼 나 먼저 한 권 읽어주고 그 다음에 수아 책을 읽어줘요.

수아 나부터야!

엄마 한 권씩 번갈아가면서 읽어주는 건 정말 좋은 생각이네! 그런데 우리가 의견을 모으다 보니 서로 먼저 읽고 싶은 마음이 들지? 그러면 이번엔 어떻게 하는 것이 서로에게 좋을까?

이안 그럼 수아부터 읽어주고 그 대신 엄마가 나한테 뽀뽀해 주기 어때요?

엄마 그것도 좋은 생각인데! 먼저 읽는 것을 양보하는 대신에 엄마 뽀뽀!

수아 그럼 내가 엄마 뽀뽀 받고 나중에 읽을 거야!

이안 그럼 내 거부터 읽고 너는 엄마 뽀뽀 받아.

엄마 우리 이안이랑 수아가 서로 의견을 내니까 아까는 막 싸우더니 지금은 생각을 말하면서 잘 상의하게 된다, 그치?

위의 사례는 우리 아이들이 어릴 적에 실제로 했던 대화 내용입니다.

물론 아이마다 성격이 다르기 때문에 이 대화와 똑같이 흐르지는 않을 겁니다. 그렇지만 여기서 중요한 것은, 엄마가 두 아이의 의견을 들어주면서 비난이나 판단 없이 잘 수용해 줌으로써 아이들의 마음에 여유 공간을 만들어주었다는 것이지요.

아이들은 누구나 감정이 올라가고 욕구가 생기면 자기 중심적일 수밖에 없습니다. 그것이 정상적인 발달이지요. 그런데 이 감정을 존중하지 않고 엄마가 엄마의 감정에만 집중하다 보면 아이는 더

욱더 자신의 욕구를 피력하기 위해 떼를 쓰게 되지요. 결론적으로 모두에게 욕구불만과 상처만 남을 수 있습니다.

결국 아이들은 한 권씩 번갈아가면서 책 선택을 했고, 소통이 잘 되어 기분까지 좋아진 엄마가 목소리까지 변조해 가면서 책을 읽어주었더니, 아이들은 열광적으로 반응했답니다.

둘, 낮잠 시간을 조정하는 등 아이들의 신체 리듬을 활용하기

아이가 둘 이상인 집은 아무래도 한 아이의 책 읽기 욕구가 다 채워지지 않을 때가 많습니다. 엄마는 한 사람이기 때문에 어찌됐든 엄마의 시간을 둘로 나눠야 할 때가 많으니까요. 내 경우에는 낮잠 시간을 다르게 유도해 보았습니다. 보통은 둘째가 낮잠을 더 길게 자기 때문에 이 시간을 활용해서 첫째아이의 욕구를 채워주었지요.

두 아이의 낮잠 시간이 같으면 엄마가 쉴 수 있는 시간이 확보된다고 생각하지만, 사실 아이가 잠들면 엄마는 신기하게도 정신이 맑아지는 경험을 해보았을 겁니다.

아이에게 책을 '읽어줘야 한다'는 생각이 앞선다면 노동으로 생각하게 되어 엄마의 마음이 애초부터 피곤해져 있어서 이 시간을 활용하기가 힘들어집니다. 그렇지만 아이와 소통한다는 생각으로 관점을 바꾸면 책 읽어주기는 노동이 아니라 아이와 행복을 나누는 시간이 됩니다.

셋, 아이들이 잠든 다음 책 읽기를 해주기

육아서에 한창 빠져 있을 무렵, 아이의 두뇌와 관련된 책을 읽다가, 잠든 직후의 가수면 상태에서는 뇌가 열려 있어 활동을 한다는 이야기를 접한 적이 있습니다. 그 말이 너무나 신기해서 아이가 잠든 직후부터 30분 정도 잠든 아이 곁에서 동화책을 조곤조곤 읽어주었습니다.

그런데 정말로 놀라웠던 일은 그렇게 읽어주었던 책들은 아이가 깨어 있을 때도 전부 좋아하게 되더라는 것입니다. 아이의 낮잠 시간을 다르게 하기 힘들다면 두 아이 모두 잠든 후 15분 책 읽기도 좋은 방법입니다.

넷, 남편에게 도움을 요청하기

집에 오면 쉬고 싶은 게 모든 사람들의 기본 욕구입니다. 남편이라고 예외일 수는 없지요. 힘들게 일하고 들어온 남편에게 칭찬 한 바가지를 퍼주어 사랑을 주고, 아이에게 동화책 딱 한 권씩만 읽어달라고 부탁을 하는 겁니다. "아빠가 책을 읽어주니까 저렇게 행복해하네! 당신 진짜 좋은 아빠야!" 하면서, 그 행동에 또 칭찬 한 바가지를 퍼부어줍니다.

이 효과는 경험해 본 사람만이 누릴 수 있는 특권이지요. 부탁이 먼저가 아니고 칭찬 한 바가지가 먼저라는 사실을 꼭 기억하기만 한다면요.

다섯, 독서 놀이를 통해 선순환 독서가 되게 이끌기

만일 첫째아이가 한글을 다 떼었다면 첫째아이를 둘째아이에게 책 읽어주는 조력자로 삼아보세요. 이때 첫째아이를 엄마와 한 팀으로 생각하게 하는 것이 중요합니다. 엄마는 조금이나마 편해져서 좋고, 첫째아이는 엄마와 한 팀이라는 생각에 엄마의 사랑을 듬뿍 받았다는 느낌이 들어서 좋고, 더불어 읽기 독립도 저절로 이루어지지요.

또한 둘째아이는 언니의 사랑까지 받으니 사랑 그릇이 가득 채워져서 좋겠지요. 모두에게 좋은 선순환의 독서, 엄마의 마음 하나에 달려 있답니다.

여섯, 잠 재우기 시간을 이용하기

아이들의 터울에 따라 다르겠지만, 아이를 재우는 시간을 책 읽기 시간으로 활용해 보는 겁니다. 이때는 두 아이가 다 좋아하는 책을 선택하는 게 좋겠지요. 아니면 아이들에게 순서를 정해서 선택해 오게 하는 것도 좋습니다.

잠 재우기 시간을 활용하면 동화책의 내용이 상상의 날개를 펼쳐 아이는 무한 시공간의 꿈을 마음껏 꾸게 됩니다. 잠자는 아이의 표정이 천사 같은 이유는 꿈나라에서 자유롭게 상상하면서 낮에 채우지 못한 욕구를 마음껏 채워가며 신나게 놀고 있기 때문이 아닐까요.

일곱, 도서관 놀이를 통해 책 읽는 시간을 따로 확보하기

〈해리포터〉의 작가 조앤 롤링은 어릴 적에 마을의 도서관에서 동네 할머니가 읽어주었던 책 속의 장면을 상상하며 작가로서의 꿈을 키워나갔다고 합니다. 할머니는 편안한 의자에 앉아 옹기종기 모여 있던 아이들에게 동화책을 읽어주었겠지요.

나는 이 장면에 '도서관 놀이'라는 이름을 붙였습니다. 내가 조앤 롤링의 도서관 할머니가 되고, 아이들은 도서관의 아이들이 되는 겁니다. 편안한 의자에 앉아 엄마가 동화책을 읽어주면 아이들은 조금 거리를 두고 떨어져 앉아서 재미있는 상상을 하며 경청하지요. 도서관 놀이처럼 조금 거리를 두고 읽어주는 것도 좋은 책 읽기 방법입니다.

독서는 분명히 모든 사람에게 유익합니다. 엄마의 목소리로 읽어주는 책 읽기는 더 말할 것도 없지요. 그 안에 사랑을 듬뿍 담았으니까요. 아이가 둘 이상이라면 책 읽어주기가 무척 힘들 거예요. 그럴 때는 아이들의 욕구를 모두 충족시키면서 책을 읽어주는 방법을 활용해 보세요. 두 아이 모두 즐겁게 책 속으로 흠뻑 빠져들게 될 것입니다.

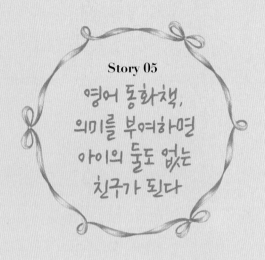

Story 05

영어 동화책,
의미를 부여하면
아이의 둘도 없는
친구가 된다

초등학교 이전 영어의 포인트는 '흥미', '재미', '놀이' 이 세 가지입니다. 그래서 많은 전문가들이 영어는 놀이로 접근하라는 말을 하지요. 여기서 놀이는 주가 아니라 수단입니다. 그런데 영어 동화책을 한글책처럼 재미있게 보는 아이가 있는 반면, 어떤 아이는 영어 동화책을 유독 거부합니다.

엄마가 읽어주는 영어 동화책을 거부하는 이유는 두 가지입니다. 낯설거나 재미없기 때문이지요. 뒤집어서 생각하면 영어책이 아이에게 익숙하거나 재미있어야 한다는 말입니다.

초등학교 이전 영어에 '흥미'가 중요하다는 말은 결국 낯선 언어에 '관심'을 갖게 하라는 말과 같습니다. 아이의 마음을 억지로 강요할 수 없으니 흥미를 끄는 소스를 제공하는 것은 엄마의 몫이지요. 이때 가장 좋은 방법은 바로 '포인트 잡기'입니다.

'낯가림'은 생후 6개월 무렵부터 시작하는 것으로, 자아에 건강한 경계를 짓는 자연스러운 현상이지요. 영어 동화책의 경우, 평소에 익숙하게 접하지 않았던 영어권 문화가 녹아 있기 때문에 그 낯선 분위기들을 어떻게 익숙하게 만날 수 있느냐가 관건이 됩니다.

예를 하나 들어볼까요. 우리 집에는 다양한 직업을 묘사한 영어 동화책이 있는데, 네 살이었던 아이는 유독 그 책을 멀리했습니다. 사실 콧수염이 난 Baker를 우리나라에서는 만나기가 쉽지 않지요. 그래서 이 책의 포인트를 '직업'으로 잡고, 그 직업을 가진 분을 만나기 위해 아이 둘을 데리고 무작정 집을 나섰습니다.

소방관 아저씨와 소방차를 만나고 나서 〈Fire Fighter〉라는 책 첫 장에 아이와 함께 찍은 사진을 붙여주었습니다. 그 순간 낯설기만 했던 영어 동화책이 하루아침에 아이가 '주인공'이 되어 첫 장을 차지하는 '아이만의 특별한 책'이 되었습니다. 그 후로 이 책들의 인기는 정말로 하늘을 찌르는 듯했지요.

낯선 책을 익숙하게 하는 것까지는 엄마의 몫이고, 그 다음 책을 즐기는 것은 아이의 영역이 됩니다.

그러면 영어 동화책의 '재미'에 어떻게 접근하면 좋을까요. 어린 아이들은 시각이 유난히 섬세합니다. 유치원에 가면 알록달록 예쁜 색감의 풍경이 아이들의 시선을 사로잡지요. 동화책의 특징도 이와 같습니다. 글보다 그림이 훨씬 많고, 선명하고 다채로운 색은 아이의 눈을 통해 정서에 그대로 접속합니다.

그런데 엄마가 영어 동화책을 읽어주기만 하면 "영어로 말고 우리말로 읽어줘요."라고 하는 아이가 있습니다. 태어나면서부터 영어 동화책과 한글 동화책을 모두 경험했던 아이가 아니라면 영어가 낯설고 어렵게 느껴지는 건 당연합니다.

이럴 때 가장 좋은 방법은 아이의 발달 단계를 이해하는 것입니다. 새로운 것에 시선을 주는 시기에 영어 동화책과 가까워지는 방법 역시 '포인트 잡기'입니다.

예를 들어 당근이 나오는 책이라면 당근 밑둥을 잘라 물에 담가보며 싹이 나는 것을 구경해도 좋고, 원숭이가 나오는 책은 원숭이 모형을 그려 막대 하나만 꽂아도 좋아합니다. 펄펄 내리는 눈이 나오는 책은 하얀 종이를 마음껏 오려서 뿌리게 하면 아이들은 엄청

'물고기'가 등장하는 책을 읽고 나서는 커다란 물고기를 그려서 창문에 붙여놓는다.

신이 납니다. 신체가 나오는 책은 아빠를 모델로 커다란 사람을 그려서 붙여놓기만 해도 재미있어합니다. 물고기가 나오는 책은 커다란 종이를 물고기 모양으로 오려 창문에 붙여주기만 해도 아이의 시선은 그 모형들을 넘어 책을 향하게 됩니다.

참 신기한 일입니다. 아무거나 한 가지 포인트만 잡아주어도 아이는 그 책에 특별한 의미를 부여하기 시작하니까요.

영화가 아무리 재미없어도 그 영화평에 별 다섯 개를 줄 수 있는 유일한 이유는 바로 '너랑 봤기 때문'입니다. 이것이 바로 의미 부여의 행위입니다. 누구나 살 수 있고, 누구나 읽을 수 있는 평범한 책이라도 〈Carrot〉 책에 별 다섯 개를 줄 수 있는 유일한 이유는 바로 당근을 심어봤기 때문이라는 사실이고요.

이런 시각으로 접근한다면 포인트를 잡는 독서 육아는 정말 사랑에 빠질 때처럼 책과 사랑에 빠지는 마법과 같은 힘을 발휘합니다.

당근을 심어본 경험은 '당근'을 주제로 한 책으로 호기심이 이어진다.

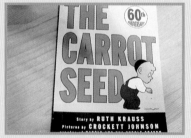

아이들에게 동화책을 읽어주다 보면 경험상 확실하게 알게 되는 독서의 좋은 점이 있는데, 그것이 바로 '확장'입니다.

할아버지 집으로 여행 가는 내용의 그림책을 보고 커다란 종이에 느닷없이 지도를 그립니다. 큰 틀만 조금 도와주면 어린아이들도 마음껏 그려댑니다. 병원이라고 뭔가 건물 비슷한 모양을 그려넣었더니 갑자기 장난감 청진기가 등장하고, 세 살짜리 동생이 그 자리에 눕습니다. 책을 읽다가, 여행을 하다가, 갑자기 병원놀이로 확장이 되었습니다.

'우리는 하나'라는 지구촌의 의미를 담은 책이 세계지도와 각국의 국기를 만나보는 행위로 확장되면서 아이의 시야가 넓어집니다. 한 번의 경험이 다른 동화책에서 또 다른 연결고리를 갖게 되면서 엄마는 아이의 마음 안에 어떤 크기의 확장이 이루어지고 있는지 측정할 수 없게 되지요.

지구촌의 의미를 담은 책은 세계 지도와 국기에 대한 관심으로 확장된다.

세상에는 수많은 지식이 있습니다. 이제는 지식을 '검색'하는 시대가 되었습니다. 지식을 머릿속에 갖고 있는 것이 위대한 게 아니라, 나만의 고유한 연결고리들을 얼마나 풍성하게 발현해 낼 수 있느냐가 중요한 융합의 시대가 된 것이지요.

독서를 통한 자연스러운 확장만큼 그 풍성함을 키울 수 있는 방법이 또 있을까요. 이미 다 커버린 나이에는 어떤 책을 읽다가 갑자기 그림을 그리거나 악기를 연주하는 일이 드뭅니다. 사고가 말랑말랑한 유아 시기에 마음껏 확장할 수 있도록 엄마가 조금만 환경을 마련해 주면 됩니다.

아이가 영어 동화책을 거부한다면 동화책 한 권 한 권을 가치 있게 여기고 의미를 부여해 주는 작은 일들을 아이와 함께 해보세요. 낯설고 재미없던 영어 동화책이 늘 안고 자는 토끼 인형처럼 어느새 제일 좋은 친구가 되어 있을 것입니다.

Story 06

영어,
아이의 관심사를 찾아
시작하면 쉽다

어릴 때부터 영어 환경을 만들어주려면 영어 동화책으로 접근하는 게 가장 좋다는 것은 모든 영어 전문가들이 한목소리로 하는 말입니다. 그래서 부모들이 고민하는 것이 '어떤 영어책을 살까?'입니다.

우리 어릴 적에는 만날 수도 없었던 다양하고 멋진 영어책들을 쉽게 손에 넣을 수 있는 좋은 세상에서 우리는 아이들을 키우고 있지요. 어떤 부모들은 인기 있는 책의 목록을 아는 것이 마치 시험의 족보를 알기라도 하는 것처럼 기를 쓰고 정보를 탐색합니다.

유명한 책들을 사들인 부모들은 아이들에게 들이밀기 바쁩니다. 충분한 소통 없이 책을 그냥 들이민다면 아이들은 흥미 위주이기 때문에 거부하는 것이 당연한 결과인지 모릅니다.

영어 동화책을 고르는 기준은 옆집 아이가 잘 읽었거나 유명하다는 도서목록이 아니라 '내 아이'가 되어야 합니다. 바로 '아이의 관심사'에서 출발하는 거지요. 그런데 많은 엄마들이 이 부분에서 또 막혀버립니다. 공룡을 좋아하는 아이에게 '공룡'과 관련된 영어책만 넣어주려면 몇 달 안 가서 막막해지니까요. 특정한 주제의 동화책은 생각보다 많지 않거든요. 이럴 때는 두 가지의 방법이 있습니다.

첫째, 아이가 '무엇'을 좋아하는지 물어보면 엄마들은 아이가 평소에 '갖고 노는 것'에 초점을 맞춥니다. 이때 아이의 취향을 넓혀서 생각해 보면 쉽습니다. 내 아이가 어떤 색깔을 좋아하는지, 어떤 음식을 좋아하는지, 어떤 종류의 캐릭터를 좋아하는지, 어떤 놀이를 좋아하는지, 어떤 동물을 좋아하는지, 가족 중에서는 누구를 좋아하는지 등 아이를 하루만 관찰해 보면 아이의 관심사가 무궁무진하다는 것을 알 수 있지요.

만약 빨간색을 좋아하는 아이라면 영어 동화책 중에서 빨강과 관련된 책을 고르면 됩니다. 아빠를 제일 좋아하는 아이라면 아빠가 등장하는 영어 동화책을 선물해 주면 되고요. 고래를 제일 좋아하는 아이라면 고래가 나오는 동화책을 준다면 좋아할 겁니다.

둘째, 좋아하는 것부터 시작해서 '확장'을 할 수 있도록 이끌어주세요. 만약 아이가 피자를 좋아해서 피자가 나오는 동화책을 읽어주었다면 아이와 함께 만들어보는 겁니다. 피자를 만들 때는 위험하지 않은 선에서 재료들을 씻거나 썰게 해주는 거지요.

아빠를 제일 좋아한다면 아빠와 함께 영화관 데이트를 할 수 있도록 배려해 줍니다. 이안이가 세 살 무렵에 〈쿵푸팬더〉를 상영했습니다. 과자 한 개와 음료수 두 개를 챙겨 아빠와 둘이서 데이트하고 오라고 영화관으로 보냈지요. 그 후 아이는 아빠와 무언가를 하는 것을 좋아하게 되었고, 〈쿵푸팬더〉의 광팬이 되었습니다. 나중에 〈쿵푸팬더〉 영어 동화책이라면 무조건 'yes'를 외치게 되었지요.

아이에게는 책도 하나의 세상이고, 요리도 하나의 세상이며, 영화도 하나의 세상입니다. 활동을 통해 다양하게 경험할 기회를 주면 그것들이 어우러져 관심사가 넓어지게 됩니다.

아이가 이 세상의 모든 것들에 관심을 가질 수는 없습니다. 사실 그럴 필요도 없고요. 다만, 아이가 무언가를 좋아한다면 그 한 가지에만 매달리지 말고, 생활에서 자연스럽게 확장이 되도록 엄마의 시야를 넓혀주세요. 그러면 아이에게 세상은 두려운 대상이 아니라, '나의 관심'을 받는 친밀한 친구 같은 대상이 될 것입니다.

Story 07

영어의 고전,
'마더구스'와 함께
현재를 즐기는 법

엄마는 아이의 에너지가 감당되지 않을 정도로 힘들지만, 사실 그보다 더 힘든 것은 '이런 시기가 도대체 언제 끝날까?' 하는 정체기 같은 시간들 때문인 경우가 많습니다. 잠든 아이를 보면 한없이 예쁘고 사랑스럽다가도 아이가 눈 뜨는 것이 두려웠던 적이 있는 엄마들은 이 말의 의미를 너무나 잘 알 테지요. 이럴 때 꼭 필요한 것은 바로 '현재를 즐겨라.'라는 말이지만, 이 말처럼 어려운 것이 또 있을까 싶어요.

해도 해도 끝이 없는 집안일, 감당이 안 되는 아이의 욕구, 풀 새도 없이 계속 쌓이는 몸의 피곤함, 나만 힘든 것 같은 정서적 우울감, 발전은커녕 퇴보하는 듯한 정체된 느낌, 늘 예견이 안 되는 아

298

이와의 전쟁 같은 하루하루 등 현재를 즐기고 싶어도 즐기기 어려운 이유는 '현재를 즐기는' 마음의 실체를 잡기 어렵기 때문입니다.

　나는 학생들에게 종종 책을 선물하는데, 책 첫 장에 써주는 글귀가 있습니다.

　　"Seize the day!"

　'현재를 살아라.'라는 의미입니다. 많이 들어본 '카르페 디엠'의 영어 표현이기도 하고요.

　이 말은 내가 지금 머물고 있는 순간에서 행복을 찾으라는 말과도 같습니다. 늘 진학만을 위해 공부해야 하는 삭막한 교육 환경에 있는 우리 학생들이 책에 머무는 순간만큼이라도 이 말을 음미할 수 있었으면 하는 작은 소망을 담은 글입니다.

　아이와 현재를 즐기는 방법 중에 우리 아이들과 재미있게 했던 영어의 고전 '마더구스'를 활용하는 방법을 이야기해 보려고 합니다.

　아기들의 청각은 놀라울 정도로 섬세합니다. 아기를 겨우 재우고 허리를 펴는 순간 부스럭거리는 소리에 아기의 눈이 번쩍 뜨일 때만큼 미칠 것 같은 적이 또 있을까요. 그래서 부모들은 청각이 섬세한 아기에게 아름다운 운율의 자장가나 동요를 많이 불러줍니다. 그중에서도 가장 널리 사랑받고 있는 영어권 나라의 전래동요가 '마더구스'지요.

　영어는 학습이 아니라 언어이기 때문에 영어권 문화의 자연스러운 이해가 중요한데, '마더구스'의 장점은 여기에 있습니다. 사는 방식이 아무리 비슷해도 각 나라의 문화는 고유해서 서로 미묘한 차이가 있습니다. '마더구스'가 담고 있는 영어권 나라의 문화는 '마더구스'의 독특한 운율 덕분에 의도하지 않아도 자연스럽게 아이에게 흡수되지요.

'마더구스'의 장점을 구체화시켜 보겠습니다.

1 영어권 나라의 고유한 문화를 담고 있다.

2 라임이 살아 있어서 알파벳은 물론 파닉스를 습득하기에 더할 나위 없이 자연스럽다.

3 등장인물들이 영어 동화책에 많이 등장하기 때문에 아이에게 친숙하다.

4 운율이 살아 있어서 저절로 외워진다.

5 세상에서 가장 짧은 스토리를 가진 노래다.

500번 이상 불러준 '마더구스'의 노래 가사들을 전지에 써서 붙여놓았다.

영어회화에 자유롭지 못한 부모 세대에게 '마더구스'와 같은 영어 전래동요는 외우기 쉽고 마음을 담기에도 좋은 노래라는 점에서 가치 있는 영어 교육의 수단이 될 수 있습니다.

엄마가 몇 번 흥얼거리기만 해도 아이는 정말 귀신처럼 듣고 외웁니다. 아이만이 가진 청각의 예민함이 빛을 발하는 순간이지요. 그렇게 엄마가 불러주고 또 같이 불렀던 노래가 입에서도 자연스럽게 흘러나오게 되면, 커다란 전지에 전곡 가사를 노출해 줍니다. 적어도 500번 이상 불러줬던 노래의 가사를 노출해 주었지요.

노래를 부르면서 가사를 한 번씩 손가락으로 짚어가는 것도 좋고, 핸드포인터나 막대기, 또는 젓가락으로 문장을 따라가도 좋고, 알파벳 찾기 놀이를 해도 좋고, 단어 찾기 놀이를 해도 좋고, 문장의 의미 알기 놀이를 해도 좋습니다. 노래와 가사가 어우러지는 그 순간을 즐겨보는 겁니다.

이미 노래로 너무나 익숙하게 즐겼던 노래여서 영어라는 문자에 접근하기에 이만큼 좋은 방법도 없지요. 여기에서 주의할 점은 문자에 집중해서는 안 된다는 것입니다. 아이와 소통하는 이런 상황 자체를 즐겨야 합니다.

'마더구스' 활용만 잘해도 파닉스나 어휘의 자연스러운 접근이 가능합니다. 이렇게 익힌 노래를 '마더구스'라는 동화책으로 만나면 아이들의 눈에서 반짝반짝 빛이 납니다. 드디어 리딩이 가능해지는 순간이기도 하지요. 학습지나 문제집으로는 이렇게 현재를 즐기면서 리딩하는 것이 결코 쉽지 않습니다.

현재를 즐기기 위해 또 하나 중요한 것이 있습니다. 이런 순간을 통해 아이가 엄마의 사랑을 느끼게 하는 것이지요.

모든 '마더구스'의 전곡 가사 노출 제일 마지막 문장은 언제나 "I love you Ian Sua."라고 써서, 이안이와 수아는 '마더구스' 노래의 끝이 늘 "알러뷰 이안 수아."인 줄 알고 자랐습니다.

내가 지금 즐기고 있는 그것에 사랑을 느낄 수 있는 '장치'를 마련해 보세요. 배꼽을 누르면 "알러뷰~" 하고 외쳐주는 곰돌이 인형처럼요. '마더구스'를 즐기는 것만으로도 사랑을 줄 수 있으니 이보다 더 놀라운 일석이조의 육아법이 또 있을까요.

한 기자가 톨스토이에게 물었답니다. "당신에게 가장 소중한 사람은 누구이며, 가장 중요한 일은 무엇인가요?" 그랬더니 톨스토이가 이런 말을 했다지요. "나에게 가장 중요한 사람은 지금 내 앞에 있는 당신이며, 나에게 가장 중요한 일은 이 인터뷰요."

톨스토이의 이 유명한 말에 많은 이들이 감동하며 전율할 수 있는 이유는, 행복은 현재에서 찾을 수 있다는 평범한 진리를 우리의 본성이 이미 알고 있기 때문입니다. 우리도 예전에는 늘 현재를 살았던 어린아이였으니까요.

아이의 욕구와 엄마의 욕구가 늘 전쟁처럼 부딪치고 몸이 힘들다면 엄마가 먼저 '마더구스'를 흥얼거려 보세요. 우울하고 가라앉았던 기분이 나아지면서 현재 내가 서 있는 곳이 어디인지 보이기 시작할 것입니다. 노래를 부르면서 화를 내는 사람은 없으니까요.

이제는 아이와의 현재 시간에서 즐거움을, 사랑을, 그 마음의 실체를 찾아보세요. '행복하고 싶다!'는 마음속 절규가 현실이 되어 나타날 것입니다.

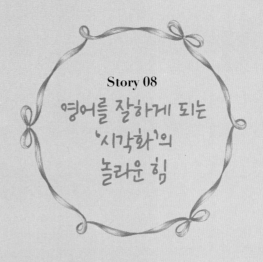

Story 08

영어를 잘하게 되는
'시각화'의
놀라운 힘

영어는 '공부'해야 하는 과목이 아니라, 단지 '언어'라는 사실에서 접근해야 합니다. 학습으로 접근하면 부모 세대처럼 영어에 자유롭기가 힘들지요. 사실 영어는 우리말을 배우는 이치와 똑같습니다. 그런데 여기서부터 부모들의 고민이 시작됩니다. '도대체 어떤 환경을 만들어줘야 하나?'를 놓고, 엄마가 영어 공부를 해보다가, 생활영어를 열심히 외워서 아이에게 "Good morning!"도 써보다가, CD도 틀어주었다가, 영어 동화책도 읽어주었다가, 영상도 보여주었다가…… 결국, 어떤 방법을 선택해야 하는가의 문제로 남기 쉽습니다.

그렇다고 이 모든 방법을 다 하자니 '꾸준히'가 안 된다는 것이 고민이지요. 꾸준히 하고 싶어도 어떤 상황으로 인해 한 번 두 번 빠지면 결국 이 핑계 저 핑계가 하나 둘씩 고개를 들게 됩니다. 게다가 대부분의 엄마들은 아이들 삼시세끼 밥 챙겨주는 것만으로도 버겁게 마련이지요.

이것저것 진행하려고 하다 보면 엄마들은 수면 부족으로 눈 밑에 다크 서클이 두껍게 내려앉게 될 겁니다. 그러다 공백기를 갖고는 '이 방법은 나하고 안 맞나 보다.' 하며 또 다른 방법을 찾아 방황하게 되지요.

어쨌든 한글이든 영어든 며칠 마음잡고 진행해 봐도 별로 표시도 안 나고, 도대체 아웃풋은 언제까지 기다려야 하는 건지 답답할 때가 한두 번이 아닙니다.

이제는 '시작부터 하는 것'과 '꾸준히 하는 것'이 가장 좋음을 알고 있을 것입니다. 그런데도 실천이 어려운 이유는 이 방법들을 실행하는 결정적 에너지가 있어야 하기 때문이지요.

멀기만 한 영어와의 로맨스, 과연 내면에서 에너지를 끌어올리는 방법은 정말 없을까요?

가장 좋은 방법은 진행 과정을 '눈에 보이게' 하는 것입니다.

영어책을 읽어주었다면 달력이나 수첩에 적고, 읽을 책 목록을 미리 적어둔 다음 하나씩 스티커를 붙이는 겁니다. 또한 '리딩 트리'를 거실에 커다랗게 붙여두고 읽어준 날짜와 책 목록을 적는 방법으로 '눈에 보이게' 기록하는 것입니다.

예를 들어 하루에 열 권 정도 읽어줬다면 한 달 뒤 300권의 목록이 눈앞에 보이게 되지요. 이 뿌듯함은 의외로 굉장한 힘을 줍니다. '티끌 모아 태산'이라는 평범한 진리가 내 눈 앞에서 펼쳐지면서 아이와 함께했던 시간들에 특별한 의미를 부여해 주니까요.

또 한 가지 중요한 점은 아이도 이 시각화에 적극적으로 반응한다는 것입니다. 조금 커서는 본인이 무언가를 스스로 진행하고자 할 때 자신만의 시각화를 창조해 내지요. 이것이 바로 요즘 우리가 알고 있는 '자기 주도 학습'의 뿌리가 됩니다. 특히 리딩이나 라이팅을 진행할 때 스스로 다양한 방법으로 시각화하게 됩니다. '모방은 창조의 어머니'라는 말을 실감하는 순간이지요.

'햄릿 증후군'이 있다고 합니다. 정보가 너무 많아서 오히려 선택에 어려움을 느끼고 우유부단해진 현대인들의 병을 말합니다. 내가 알고 있는 많은 육아 정보들 중에서 마음에 들어오는 방법을 고르고 실천할 때, 그것을 눈에 보이게 '시각화'한다면 막연했던 육아는 구체화되고, 엄마는 내일이 기다려질 것입니다.

결국 꾸준히 하는 힘도, 무언가를 먼저 시작하는 것도 그것을 움직이게 하는 원동력이 있어야 가능합니다. 100명의 아이에게는 100개의 육아법이 있습니다. 그만큼 사람은 누구나 고유하다는 뜻이지요. 이렇게 자신의 육아 과정을 시각화하면 드디어 '자신만의'

방법들이 생겨나기 시작하는 것을 느낄 수 있습니다. 똑같은 이름의 '리딩 트리'를 만들더라도 결코 같은 모양이 나오지는 않으니까요. 시각화시킬 때 비로소 자신만의 개성이 나오게 된답니다.

꼭 '리딩 트리'가 아니어도 아이와 아이디어를 함께 내서 커다란 '해바라기꽃'이 거실 창문에 피어날 수도 있겠지요. 아니면 커다랗고 빨간 자동차가 거실 한가운데 매달리는 광경을 뿌듯하게 바라보는 아이도 있을 것입니다.

사람의 감각기관 중에서 가장 큰 영향을 받는 부분은 바로 시각입니다. 청각과 후각은 몸의 기억 저편에 저장되지만 시각적인 영향은 그대로 이미지화되어 두뇌에 각인되지요. 따라서 교육적인 효과에 시각만큼 활용되는 방법도 없습니다. 모든 수업에 시각 자료를 활용하는 이유도 이 때문이지요. 동기 부여, 각인, 기억력, 이미지화, 지속 효과, 자기 주도 학습의 모태까지, 시각화의 장점은 의외로 많습니다.

육아 과정을 '시각화'하면 엄마도 아이도 성취감을 느끼며 에너지를 받게 된다.

내가 강의하는 '독서 지도법' 교육생들은 첫 숙제로 각 가정에 독서 게시판을 만들어 시각화합니다. 시각화 하나만으로도 집안 전체의 분위기가 확 바뀌었고, 가족 구성원 전체가 TV 시청 대신 식탁에 둘러앉아 독서하는 분위기로 바뀌었다고 합니다. 시각화의 놀라운 힘을 확인하는 순간이지요.

'나는 왜 이렇게 힘들까?'라는 생각이 '나는 왜 이렇게 특별할까?'로 바뀌는 순간은 오직 자신만이 만들어낼 수 있습니다.

나무를 예쁘게 그리지 못해도, 글씨가 좀 못 생겼어도, 그림을 잘 못 그린다고 해도 절대로 위축되지 마세요. 그런 당신이 잘하는 사람 30퍼센트가 아니라, 평범한 70퍼센트의 엄마들에게 새로운 희망을 줄 테니까요.

결국, '육아'란 삶 자체에 나만의 특별한 의미를 부여하는 최고의 기회입니다. 많은 부모들이 힘들어하는 영어, 이제는 시각화를 통해 두근거리는 내일을 맞이해 보세요. 차면 넘치게 되어 있듯이, '눈으로 보이는 영어'가 쌓여가는 어느 날, 아이는 아웃풋으로 감동을 선물할 것입니다.

Story 09

아이의 놀이 속에
'한글'을 넣어라

유아 시기의 아이를 둔 엄마들이 가장 관심이 많은 것이 '영어'라면, 두 번째로 관심이 많은 것은 아마도 '한글 떼기'가 아닌가 합니다. 한글 떼기는 많은 엄마들의 '숙제'가 되고는 하지요.

관심도 없는 아이에게 '놀이'가 아닌 '학습'으로 접근한다면 아이는 한글을 배우는 데 흥미를 잃을 것입니다. 그렇다고 아이가 관심을 보일 때까지 기다린다며 지나친 여유를 부리다가는 초등학교에 입학할 때가 되어서야 마음이 조급해져 아이를 닦달하게 됩니다. 엄마들의 영원한 숙제, 한글 떼기에 대해 차근차근 알아볼까요?

아직 말도 잘 못하는 아이에게 책을 읽어주다 보면, 책 제목만 이야기해도 귀신같이 그 책을 찾아옵니다. 엄마로서 내 아이가 천재가 아닐까 하고 생각하는 순간이지요. 아이들의 능력은 어른들의 상상을 초월합니다. 그래서 나는 아이디어가 잘 떠오르지 않을 때는 무조건 아이들에게 물어보고는 합니다.

어른들을 깜짝 놀라게 할 만한 아이들의 능력은 전문가들의 두뇌 관련 연구 덕분에 많은 이론들이 대중화되어 있지요. 그런데 한 가지 이상한 것은, 한글 떼기에 대해서만큼은 아직도 그 논란이 끊이지 않는다는 것입니다.

아직도 한글 떼기를 6세 이전에 하면 우뇌가 일찍 닫혀 창의성이 떨어진다는 이론으로 엄마들이 혼란스러워하고 있습니다. 한글 떼기를 언제 시작하느냐, 한글을 자모의 원리로 떼느냐 통문자로 떼느냐 등의 방법에서도 의견이 분분하고요. 엄마도 처음 엄마가 되었고, 엄마가 되기 이전에는 알 필요도 없었던 이런 이론들로 인해 엄마들이 혼란스러워하는 것은 당연합니다.

창의성이란 어떤 현상에 대해 새롭고 다양한 사고를 산출해 내는 능력을 말합니다. 흔히 창의성을 논할 때 우뇌를 언급하지만, 이것은 학계에서 1970년대까지의 연구에 한합니다. 창의성이 우뇌의 영향을 받는 것은 사실이지만, 창의적 사고가 온전히 이루어지기 위해서는 좌우뇌의 협력이 필수입니다.

예를 들어 수학적 재능을 가진 학생은 좌뇌가 우수하기 때문이 아니라, 왼쪽과 오른쪽의 정보 교환이 뛰어난 데서 비롯된다는 것이지요. 지성과 학습도 어느 한쪽으로만 이루어지는 것이 아니라는 의미입니다. 결론적으로 창의적 사고가 온전히 이루어지기 위해서는 좌우 뇌의 협력이 필수라는 것이 지금까지 수십 년에 걸쳐 연구한 최종 방향인 셈입니다.

아이들의 두뇌는 다양한 환경의 자극에 의해 끊임없이 분화하고 발달하지요. 그래서 예부터 많은 전문가들이 자연에서 놀게 하라고 입을 모아 말했습니다. 자연에 있는 것만으로도 감성, 지성의 모든 측면에서 다양한 자극을 받기에 충분하기 때문입니다. 다양한 자극은 상상력의 기본 재료가 되고, 그 상상력은 유창성과 독창성, 통합적 사고로 이루어지는 '창의력'으로 발현됩니다.

아이가 한글을 안다고 해서, 그림책에 있는 그림을 안 보고 글자만 눈에 들어와 상상력이 멈춘다거나 독창성이 발현되지 않는다는 말은 결국 좌뇌와 우뇌의 역할에 있어서 그 관계를 고려하지 않고 편협하게 나누어 보는 입장에 불과합니다. 게다가 글자를 인지하면서 장면을 상상하는 놀라운 능력에 대한 설명도 불가능하게 되지요.

엄마가 고려해야 할 것은 단 한 가지, 아이마다 갖고 있는 '고유함'입니다. 아이가 문자에 전혀 관심이 없는데 엄마가 억지로 유도하거나, 자음 모음의 원리 등을 담은, 놀라울 정도로 체계적으로 만든 학습지를 앞에 놓고 그 틀 안에 맞추려고 한다면 아이는 스트레스로 인해 그 어떤 상상력이나 창의력도 길러지지 않을 것입니다. 인간의 두뇌는 스트레스에 가장 취약하기 때문입니다.

책을 보던 아이가 문자에 관심을 보일 때는 좋아하는 놀이에 자연스럽게 녹아들 수 있게 매일 조금씩 꾸준히 한글 놀이를 해보세요. 그 놀이만으로도 아이의 창의력은 향상될 것입니다.

엄마 스스로가 한글 떼기를 과업으로 생각하고 부담을 갖는다면 그 부담감은 고스란히 아이에게 전해진다는 사실을 잊지 마세요. 육아는 아이를 위해, 아이를 향해 엄마가 서 있는 것이지, 아이가 엄마를 위해 서 있거나, 엄마가 엄마 자신을 위해, 엄마 자신을 향해 시선을 두는 것이 아닙니다.

죽을 때까지 무한한 가능성을 가진 인간의 두뇌를 오직 한글 떼기를 위해 전력질주를 할 것이 아니라, 아이가 보내는 일상의 순간순간에서 그야말로 좌뇌 우뇌를 모두 사용할 수 있도록 다양하게 노출시켜 주세요. 그렇다면 한글 떼기로 인한 논란에도 흔들리지 않을 것입니다.

육아도 삶의 일부입니다. 흐르는 동안 시원한 바람도 만나고 아찔한 낭떠러지도 만나고 다른 물과 새로 섞이는 지류도 만나지요. 이렇게 만나는 여러 가지 예기치 않은 난관들을 어떻게 넘어서 다시 흘러가느냐 하는 것은 엄마가 자신의 삶을 바라보는 그 시선 속에 답이 있는 게 아닐까요. 내가 아이를 천재라고 믿는다면, 그 믿음이 외부에서 바라보는 기대의 시선이 아니라, 내 내면의 진심에서 나오는 것이라면 분명히 그 믿음이 맞는 것이 아닐까요.

아이에 대한 조건 없는 믿음, 한글 떼기도 그 어떤 것도 여기서부터 출발한다는 것을 잊지 마세요. 한글 노출을 해보고, '네가 다섯 단어를 외운다면 엄마가 가르쳐줄 힘이 생기겠다.'가 아니라, '엄마랑 한글로 재미있는 하루를 보내자.'라는 관점이 먼저입니다. 한글 놀이, 이제 마음껏 하세요.

참고문헌

이흥(2006), 〈확산적 사고와 수렴적 사고 : 좌뇌와 우뇌의 연관성〉, 지식경영연구 | 전윤숙(2006), 〈창의적 사고와 좌우뇌의 역할〉, 한국연구재단 | 송연자, 이윤옥(2004), 〈우뇌 창의성 프로그램과 전뇌 창의성 프로그램이 유아의 창의성에 미치는 효과〉, 유아교육연구 | 김상미(2011), 〈우뇌 기능을 자극하는 시각화 학습 프로그램이 학업 성취도에 미치는 영향〉, 제주대 교육대학원 석사논문 | 임호찬(2005), 〈좌뇌 우뇌의 기능적 역할〉, 한국정신과학회 학술대회 논문집 | 박민근(2003), 〈지식 생성과 좌우뇌 활용성향과의 관계 : 수렴적 사고와 발산적 사고를 중심으로〉 광운대 박사논문 | 권나영(2002), 〈영어교육에서의 좌우뇌 통합 교수법〉, 고려대학교 석사논문 | 이문정 (2004), 〈한글의 문자 특성에 적합한 유아 읽기, 쓰기 교육〉, 미래유아교육학회지 | 김상욱(2014), 〈난독증의 문자 인지력 향상을 위한 글자 기본구조 −기본 알파벳 구성을 중심으로〉, 한국디자인포럼 | 김민정, 이승복, 이희란(2009), 〈발달성 난독증에 대한 신경학적 연구 고찰〉 | 이옥경(1995), 〈인지 발달과 문자 및 언어 유형의 관점에서 본 난독증〉, 한국심리학회지 발달

Story 10

한글 떼기,
'진짜 놀이'답게
하는 방법

아이가 태어나서 "엄마!"라고 말할 때만큼 기분 좋은 순간은 바로 아이가 한글을 읽는 순간이 아닐까 합니다. 그래서 한글 떼기는 마치 유아기 아이들이 꼭 패스해야 하는 통과의례처럼 되었지요.

많은 엄마들이 한글 떼기에 관심이 많지만, 그 시기나 방법 등에 정해진 룰이 있는 것처럼 생각하기 때문에 오히려 더 어렵게 느껴지고는 합니다. 그러나 답은 언제나 '아이'에게 있습니다.

한글 놀이를 하겠다고 결심한 엄마가 밤새워서 멋지게 근사한 놀이를 준비했지만, 아이가 보는 둥 마는 둥 하면 엄마는 화가 나고 속상할 수 있습니다. 한글 놀이를 준비하기 위해 엄마는 엄마대로 에너지가 많이 소진된 데다 아이의 반응이 없으니 자꾸 들이밀게 되고, 아이는 엄마의 강요에 한글을 멀리하게 될 수밖에 없어요.

한글을 떼는 가장 좋은 방법은 아이의 일상 안으로 한글을 살짝 끌어들이는 것입니다. 육아 전문가들이 하나같이 아이의 눈빛을 따라가라고 하는 것은, 흥미가 없는 것에는 집중하지 않는 아이의 성향에 맞춘 조언이지요. 이것은 아이의 본능입니다. 엄마의 스케줄대로 아이가 움직여줬으면 하는 생각이 언제나 빗나가는 이유도 바로 이것 때문이지요.

엄마가 특별히 무언가를 열심히 해줘야 한다는 생각만큼 부담스러운 일도 없습니다. 엄마의 부담감은 고스란히 아이에게 스트레스로 전달되거든요.

인형 놀이를 좋아하는 아이의 일상에 한글을 살짝 넣어주면 됩니다. 스티커를 좋아하는 아이에게는 사물의 이름표를 붙여주며 기회를 줄 수 있고요. 욕실에서 물감으로 나무를 그리면 그 옆에 '나무'라고 써줍니다.

한글 떼기는 '아이의 일상'에서 시작되어야 한다.

아이가 까꿍 놀이를 좋아하면 물티슈 뚜껑을 이용해 "까꿍!" 하고 말하며 글자가 나오게 해줍니다. 평소에 편지 받는 것을 좋아하는 늑대가 되어 창문에 편지 선물을 주고 가도 되지요.

무한 반복을 하는 아끼는 책 제목을 창문에 붙여주고, 이 책 제목을 나누어서 낱글자도 보여줍니다. 언니를 좋아하는 아이에게는 책이 들어 있던 상자에 신체 이름을 써서 주사위를 만들어, 언니와 함께 신체 잡기 놀이 게임을 할 수도 있습니다.

아이스크림을 좋아하는 아이라면 종이 아이스크림을 만들어 맛을 골라보라고 해주어도 됩니다. 집에 있는 애벌레 인형을 정말 살

한글에 대한 호기심을 키울 수 있는 방법은 많다.

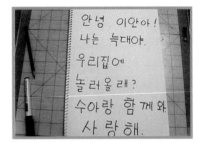

아 있다고 믿는 아이에게는 말을 걸어 우유 좀 달라고 말합니다. 과일을 좋아하는 아이에게는 나무 열매가 열리게 붙이게끔 유도합니다.

아이가 호기심 가득한 환한 웃음으로 좋은 기억을 품을 수 있도록 '진짜 놀이'답게 하는 것이 바로 한글 놀이입니다. 다시 말해 한글 떼기는 아이가 행복한 미소를 지을 수 있는 절호의 기회가 되어야 하지요. 아이의 일상을 관찰하면 한글 놀이의 타이밍을 잡을 수 있습니다.

기차를 좋아하는 아이는 기차 한 칸 한 칸에 동물 글자를 태우게 될 것이고, 자동차를 좋아하는 아이는 좋아하는 자동차로 글자가 새겨진 원하는 장소로 운전을 할 수도 있겠지요. 그곳은 부산이 될 수도 있고 서울이 될 수도 있습니다.

공룡을 좋아하는 아이는 공룡 마을을 만들어 마을 이름, 마을의 사물들에게 이름 붙여주기 놀이를 할 수도 있고, 공주를 좋아한다면 공주가 소장하고 있는 물건들을 글자로 표시해 줄 수도 있습니다. 물음표, 느낌표, 따옴표 같은 부호도 마음껏 자유롭게 활용하세요. 이런 부호들이 어렵다는 생각은 엄마의 편견일 뿐 아이들은 가볍고 흥미롭게 인지합니다.

만일 아이가 엄마의 의도를 알아차려서 한글을 거부한다면 주저하지 말고 쉬세요. 다음에도 기회는 얼마든지 있으니까요. 엄마에게 필요한 것은 체계적인 방법의 노하우가 아니라, 아이가 '무엇을 좋아하는지'를 제대로 아는 것과 약간의 편리한 도구들뿐입니다.

사람의 일생은 시간의 연속이 아니라, 순간의 합이라고 하지요. 그래서 우리는 미래를 위해 현재를 희생하면 안 됩니다. 늘 현재에 최선을 다해 즐기는 삶을 살아야 합니다.

며칠 전 일입니다. 시간이 없다는 말을 하니까 큰아이가 이런 말을 합니다.

"시간은 언제나 있어, 엄마."

그 말을 듣고 보니 아이의 말이 맞다는 생각을 했습니다. 시간은 언제나 있지요. 주인이 따로 없는 '시간'을 나의 것으로 가져오면 그 시간은 나의 시간이 됩니다. 한글을 즐기는 것도 마찬가지입니다. 아이가 좋아하는 일상의 모습에서 '한글'을 넣어 즐긴다면 그 방법은 오직 '나만의 한글 떼기' 방법이 되겠지요.

아이가 무엇을 보고 눈빛을 반짝이는지, 무엇을 할 때 시간 가는 줄 모르는지, "또!"를 외치는 순간이 언제인지를 제대로 아는 것이 한글 떼기의 시작점입니다. 아이가 일상에서 주는 무수한 메시지들을 '타이밍'의 기회로 잡을 수 있다면 한글 떼기를 아이와 즐겁게 할 수 있을 것입니다.

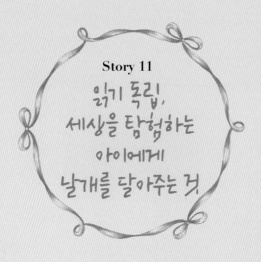

Story 11

읽기 독립,
세상을 탐험하는
아이에게
날개를 달아주는 것

한글 떼기를 처음 시작할 때의 엄마 마음을 들여다보면, 언제 한글을 똑 뗄까 하는 걱정의 마음이 있습니다. 아마도 발걸음을 떼면서부터 먼 길이 될 거라고 지레짐작하기 때문이겠지요.

한글을 목적 자체로 두지 말고, 아이의 일상에 한글이 슬쩍 들어가면 언제 뗐는지도 모르게 어느 순간 아이가 글자를 읽기 시작하는 경험을 하게 될 것입니다. 차면 넘치게 되어 있기 때문이죠. 다만 엄마가 한글 노출을 꾸준히 하지 않고 했다가 안 했다가 하면 엄마도 다시 시작할 때 힘들고, 아이도 반복 노출의 힘에서 멀어지게 됩니다.

아이가 한글을 하나 둘씩 인지하면서부터 아는 글자가 눈에 저절로 들어오기 때문에 이때 가장 중요한 정서는 '자신감'과 '뿌듯함'이어야 하지요.

아이가 한글을 읽을 줄 아는 능력이 자신에게 새로 생겼음을 인지하는 기쁨만큼이나 엄마의 기쁨도 크고 황홀하지만, 그 마음을 아이의 읽기 독립을 강요하는 에너지로 사용하는 오류를 범하고 있지는 않은지 깊이 들여다봐야 합니다.

육아의 모든 행위에서 가장 중요한 것은 언제나 '아이의 진정한 행복'입니다. 엄마의 욕심은 아이에게 부담감을 줄지언정 행복감은 줄 수 없습니다. 읽기 독립은 선물과 같은 것이어야 하지요. 한 권의 책을 온전히 읽고 받아들이고 탐험하기 위해 받게 되는 최고의 선물!

아이가 많은 글자들을 인지하고 나면 엄마 마음에도 고지가 눈앞에 보이는 것 같은 생각이 들게 되어 욕심들이 생겨납니다. 하지만 읽기 독립은 한글 떼기의 확장, 즉 연장선상에 있을 뿐임을 기억해야 합니다.

읽기 독립을 끌어내는 가장 큰 힘은 '성취감'입니다. 아이들은 본능적으로 무언가를 '하려고' 합니다. 내면에 주체하기 힘든 에너지를 갖고 있기 때문이지요. 그런데 읽기 독립은 엄청난 에너지가 필요합니다. 어떤 아이들은 짧은 글의 책 한 권을 읽어내는 데도 진땀을 흘리지요. 그러한 과정을 통과하여 스스로 무언가를 해낼 수 있다는, 해냈다는 성취감이 진정한 읽기 독립입니다.

아이가 책을 스스로 읽는 것에 대해 엄마가 맛있는 것을 사주거나 장난감을 사준다면 아이가 자신에게 느끼는 뿌듯함과 대견함은 줄어들게 됩니다. 이것은 물질적인 성취가 정신적인 성취를 뛰어넘을 수 없다는 것을 의미합니다. 아이가 스스로에게 행복감을 느껴야 할 자리에까지 이미 엄마가 들어와 있다면, 혹은 그 자리에 물질적인 대체물이 들어와 있다면 아이는 스스로에 대한 성취감을 온전히 누리기 어렵습니다.

읽기 독립을 하기 위한 가장 좋은 방법은 '단계'를 천천히 올리되, 아이가 성취감을 충분히 느낄 수 있도록 기회를 주고 자리를 내주는 것입니다. 한글 떼기 놀이에서 했던 문장을 조금씩 확장해 주어도 좋고, 읽기 독립용 책을 보기 전에 자주 만났던 단순한 문장들을 큰 노트에 정리해 주어 '내 아이만의 읽기 독립 노트'를 만들어도 좋습니다. 또 아이가 좋아하는 분야의 쉽고 재미있는 책을 천천히 보여준다면 이보다 더 좋은 방법은 없겠지요.

엄마는 아이가 문장을 잘 읽는지 확인하는 사람이 아니라, 아이가 이 행위 자체를 통해서 자신감을 가질 수 있도록 '아이만의 장'을 만들어주는 든든한 후원자가 되어야 합니다. 마치 '키다리아저씨'처럼요.

호기심 덩어리인 아이의 성취감을 겨냥하여 '미션 수행'의 기회를 주는 것도 좋은 방법입니다. 아이에게 읽기 독립용 책을 선택할 기회를 주고, 스스로 읽는 것을 수행하는 '미션'을 주는 것입니다. 그 미션을 다 수행하고 나면 아이 스스로 잎이 풍성한 나무를 만들어낸다거나, 평소에 좋아하는 캐릭터에게 칭찬을 듣게 한다거나, 근사한 꽃바구니를 완성할 수 있게 하는 등, 미션을 잘 수행한 것에 대한 또 다른 성취감으로 즐거움을 극대화시켜주면 됩니다.

읽기 독립은 아이가 스스로에게 선사하는 행복감이므로 엄마 아빠가 가져오지 말고 온전히 아이가 느끼게 해주어야 합니다. 읽기 독립을 통해 아이 스스로 독립할 수 있도록 자리를 내주어야 하지요.

읽기 독립은 두 겹의 날개를 선물받는 최고의 성취입니다. 두 겹의 날개로 하늘을 날게 될 상상을 하는 것도 아이의 몫이지요. 날개가 두 겹인 이유는 멀리 잘 날기 위해서입니다. 읽기 독립을 통해 아이는 책 속의 세상을 탐험하기 위한 본격적인 비상을 준비하게 될 것입니다.

아이의 성취감을 높일 수 있는 다양한 활동들

성장이란 한 개인의 고유하고 절대적인 가치라는 것을 한글 떼기와 읽기 독립의 과정을 통해 감동으로 느껴보세요. 내 아이가 줄줄줄 책을 읽는 소리, 가만히 내용에 집중하며 책을 보는 모습, 그 내용을 상상하며 기분 좋게 웃는 모습, 동생에게 읽어주면서 스스로 마음이 움직여 언니나 오빠 노릇을 하는 모습, 부모가 읽어주지 않은 책 내용인데 혼자서 다 읽고 이야기하는 모습까지!

아이가 원하는 사랑의 방식대로 엄마가 주고 있다는 것을 깨닫는 순간, 아이는 어디든 훨훨 날아오를 수 있을 것입니다.

그런데 아이가 읽기 독립을 했는데도 책을 읽어달라고 한다면 두 가지 이유 때문입니다. 부모의 사랑을 느끼고 싶거나, 혹은 혼자서 읽는 일에 휴식을 갖고 싶어서지요. 어떤 이유에서든 이때 "너 글 읽을 줄 알잖아. 혼자 읽어봐."라고 말하면 아이는 이 두 가지를 다 잃게 됩니다. 만약 엄마 아빠가 도저히 책 읽어줄 시간을 내지 못한다면 솔직하게 말해 주는 것이 좋습니다.

"엄마가 책 읽어주기를 바라는구나. 그런데 엄마가 지금은 동생 기저귀를 갈아줘야 해서 못 읽어주는데, 엄마가 번개같이 빨리 기저귀만 갈아주고 우리 아들에게는 해님같이 오~~~래 읽어줄까?"

이런 식으로 아이의 마음에 아쉬움이 덜하도록 센스를 발휘해 보세요. 어린아이일수록 엄마의 이런 센스가 '우리 엄마는 나를 제일 사랑해.'라는 믿음으로 채워질 거예요.

만일 읽기 독립을 했는데도 계속해서 책을 읽어달라고 한다면 형제자매 사이에서 엄마의 사랑을 더 느끼고 싶은 마음일 가능성이 큽니다. 이런 경우에는 아이가 읽기 독립을 했다는 생각을 잠시 내려놓고, 예전처럼 재미있게 많이 읽어주어서 '감정 채우기'를 잘할 수 있도록 도와주면 됩니다.

Story 12
아이의 첫 번째 사회,
유치원에 제대로
적응하는 법

아이가 태어난 게 엊그제 같은데, 벌써 자라서 유치원이나 어린이집에 가게 되면 엄마는 오만 가지 생각이 듭니다. 적응을 잘할수 있을까, 친구들하고 잘 지낼까, 엄마 보고 싶다고 울지는 않을까, 선생님이 하라는 거 잘 따라 할 수 있을까, 다른 아이한테 맞지는 않을까, 밥은 잘 먹을까, 너무 일찍 보내는 건 아닐까, 가기 싫다고 하면 어떻게 할까…… .

엄마들의 걱정거리를 나열하자면 끝도 없지요. 그도 그럴 것이 아이들에게 기관은 낯설 수밖에 없는 곳입니다.

몇 년 전 대학원 공부를 하던 도중 우연찮은 기회에 유치원을 운영했던 적이 있습니다. 내 아이를 돌보는 '엄마'에서 많은 아이들을 책임지는 유치원 원장을 맡은 덕분에 아이들의 세계를, 그리고 엄마들의 심리를 다양하게 만날 수 있었습니다. 이제부터 그 이야기를 풀어볼까 합니다.

아이를 유치원에 보내는 이유는 다양합니다.

1 직장맘이고 아이를 돌봐줄 조부모가 없을 경우

2 직장맘이고 아이가 어느 정도 자랐기 때문에 사회성을 위해

3 전업맘이고 둘째가 태어났고, 첫째아이가 심심해서

4 전업맘이고 아이가 어느 정도 자랐기 때문에 사회성을 위해

다른 경우도 있겠지만, 크게 보면 이 정도로 나눌 수 있습니다.

직장맘의 경우는 육아 휴직을 했더라도 복직을 하게 되면서 아이와 떨어져 지내야 하는 상황이기 때문에 안타까운 일들이 종종 일어나는 것이 사실입니다. 그렇다 하더라도 아이를 유치원에 적응시키기 위해 하는 방법은 비슷합니다.

엄마는 늘 아이한테 '최선'이라 생각한 방법을 적용하게 마련이지요. 그럼에도 불구하고, 아이가 최대한 마음에 상처를 덜 받고, 이름 모를 서러운 감정을 반복해서 겪지 않도록 하기 위해서는 엄마의 세심한 노력이 필요합니다.

유치원 입학 전에 준비할 것

첫째, 동화책으로 마음의 준비를 하게 한다.

동화책으로 유치원 생활에 대해 알 수 있는 기회를 줍니다. 요즘 나오는 책들은 아이들 세계에서 있을 수 있는 현실적인 감각이 살아 있는 책들이 많이 있습니다.

이때 조심해야 할 것은 기대감은 심어주되, 기대감이 지나치면 오히려 실제 생활에서 괴리감을 느낄 수 있다는 것입니다. 머릿속에 들어 있던 기대감과 현실 사이의 괴리감이 아이로 하여금 서러운 정서를 유발시키고, 그 서러움이 낯설음과 뒤섞이면 무언가 구실을 잡아 등원을 거부하게 됩니다. 그 구실에 잘 귀기울여 주는 것이 엄마의 역할입니다. 그리고 이때가 아이의 속마음에 공감을 잘해 줘야 하는 결정적 시기이기도 하고요.

〈다섯 살은 괴로워〉, 〈내가 크면 어떻게 되나요?〉, 〈보리의 시끌벅적 유치원〉, 〈유치원에 간 데이빗〉, 〈유치원에 처음 가는 날〉, 〈마법의 유치원 버스〉, 〈달려라 고양이 유치원〉, '공룡유치원' 시리즈 등은 아이가 유치원 생활에 대해 호기심을 갖게 해주는 책입니다.

둘째, 앞으로 다니게 될 유치원을 같이 정한다.

아이를 유치원에 보내기로 결정했다면 엄마 혼자 유치원을 결정하지 말고 아이와 함께 다녀보는 것이 좋습니다. 왜냐하면 유치원은 아이가 다닐 곳이기 때문입니다. 아이는 엄마보다 직관적이어서 그곳의 분위기나 전체적인 느낌을 더 잘 느낄 수 있습니다.

겉에 보이는 화려함보다 전체적으로 흐르는 따뜻한 분위기가 훨씬 중요합니다. 이런 분위기는 눈에 잘 보이지 않기 때문에 아이와 동행하는 것이 좋답니다.

셋째, 원장 선생님과 면담을 한다.

유치원의 전체적인 분위기도 중요하지만, 원장 선생님의 마인드 역시 중요합니다. 원장 선생님과 상담하는 동안 보여주기 위한 학습적인 결과에 치우치지는 않았는지 잘 살펴보는 것이 중요합니다. 아이들을 편안한 분위기에서 사랑으로 여유 있게 지도하는 곳인지 살펴보세요.

넷째, 유치원 생활 물건들을 함께 구입한다.

유치원 생활에 필요한 물건을 구입할 때는 아이와 함께 고르는 것이 좋습니다. 그리고 선택은 언제나 아이의 몫으로 남겨야 합니다. 이유는 간단합니다. 아이가 사용해야 할 물건들이니까요.

아이들은 작은 생활 하나하나에서 자기 주도성을 기르게 되는데, 이때 가장 중요한 역할을 하는 사람은 부모입니다. 유치원 같은 단체 생활에서 자기 주도성을 기르는 데는 한계가 있습니다. 많은 아이들을 지도하려면 허용의 한계가 있으니까요. 그래서 기관에서의 자율성은 제한될 수밖에 없습니다.

아이와 함께 물건을 구입했다면 이름표에 이름을 쓰는 것도 아이와 함께 하는 것이 좋습니다. 아이가 이름을 쓰지 못한다면 엄마가 이름을 쓰면서 이름 주위에 하트 모양을 하나 그려주는 센스도 발휘해 보세요. 아이는 그 하트를 보면서 엄마의 사랑이 함께 한다는 것을 알게 됩니다.

우리 아이들은 지금도 교과서나 자기 물건의 이름을 엄마에게 써달라고 요청합니다. 그러면 나는 늘 그랬듯이 이름 옆에 하트를 그려줍니다.

유치원 입학 후에 주의할 것

첫째, 아이가 유치원 버스를 타야 할 때

아이를 유치원 버스에 태워 보내야 한다면 적응 기간은 필수입니다. 물론 처음부터 잘 탄다면 다행이지만, 그렇지 않다면 아이가 적응할 수 있도록 도와주어야 하지요.

아이가 유치원 버스를 강하게 거부한다면 처음 며칠 동안은 함께 등원하는 것이 좋습니다. 언제나 부모에게 우선은 '아이'임을 기억하세요.

만일 엄마의 동반 등원을 기관에서 허락하지 않는다면 아이를 보내는 것에 대해 다시 생각해 보는 것이 좋습니다. 아이의 세심한 마음을 배려하지 않는 기관일 수도 있거든요.

아이에게 필요한 시간은 처음 만나는 선생님과 정이 막 생길 정도의 시간, 처음 만나는 친구들과 대화가 조금은 자연스럽게 오갈 수 있는 시간, 처음 보는 장소가 어느 정도 눈에 익을 만큼의 시간, 처음 해보는 공동체 생활에 살짝 적응할 수 있을 정도의 시간, 그 기관의 주변이 눈에 들어오기 시작하는 시간이랍니다.

스스로 이 시간들을 겪어나갈 수 있도록 기다려주세요. 그 어떤 원칙도, 그 어떤 여건도, 그 어떤 상황도 아이의 고유한 권리인 이 시간을 억지로 생략하거나 단축해서는 안 됩니다.

맞벌이 부모라서 이런 여건들을 충족시키기 어렵다면 그 기관에 입학하기 전에 미리 이런 시간을 가질 수 있도록 아이와 함께 가보는 것도 좋은 방법입니다.

둘째, 아이가 유치원 등원을 거부할 때

가장 중요한 것은 감사함과 사랑을 직접 표현하는 것입니다. 맞벌이 부모일 경우 아이가 아침마다 등원을 거부할 때 엄마 마음은 더 애가 탑니다. 함께 등원해서 적응기를 불안하지 않게 해줄 시간이 없기에 어쩔 수 없이 강제로 보낼 수밖에 없지요.

이때 가장 좋은 방법은 '소통'입니다. 아이가 엄마와의 이별에 얼마나 힘들었을지 짐작해 주고, 밤마다 엄마와 더 많이 살을 부비며 지내야 합니다.

"우리 이안이가 유치원에 잘 다녀줘서 엄마가 정말 고마워. 엄마가 회사에 가야 하는 걸 이해해 줘서 이안이가 너무너무 고마워. 우리는 낮엔 몸이 떨어져 있지만 엄마는 회사에서도 이안이 생각을 많이 해. 우리 이안이도 유치원에서 가끔 엄마 생각이 나지? 서로 생각이 난다는 건 엄마 마음 안에는 이안이가 있고, 이안이 마음 안에는 엄마가 있다는 뜻이야. 그러니까 엄마는 너랑 늘 같이 있는 거야."

이렇게 아이의 대견함을 칭찬해 주고 진심으로 감사 표현을 해주세요.

아이가 불안해할 때 그 마음을 해결해 줄 수 있는 공간은 '가족'이어야 합니다. 감사함의 표현은 아이에게 엄마의 사랑을 전하고, 상처가 있는 마음을 회복해 줄 수 있는 효과적인 방법입니다.

아이에게 긍정의 경험을 많이 시켜주는 것도 중요합니다. 자존감이 형성되는 결정적 시기는 8세 이전입니다. 이 시기에 부모와 긍정의 경험을 많이 한 아이들은 높은 자존감으로 평생 동안 행복을 추구하면서 살아갑니다. 살면서 겪는 많은 어려움에도 남다른 회복탄력성을 보여주지요. 평일에 부모가 바쁘다면 퇴근 후 밤에는 식탁에 둘러앉아 웃음을 나눠보세요.

우리 집에는 사다리타기를 해서 당첨된 사람에게 평소에 못했던 사랑 표현을 하기도 하고, 당첨된 사람의 말이나 행동을 흉내내기도 하며, 가끔 액수가 다르게 걸리게 해놓고 그 돈을 모아 치킨을 사먹기도 합니다.

또 새해에는 올해 자신의 목표와 이루고자 하는 꿈 등을 발표하는 순서를 사다리타기로 정하기도 하지요. 필요한 것은 종이와 연필, 그리고 웃을 마음의 준비뿐입니다.

주말에는 가족의 날로 정해서 잠깐이라도 함께 나들이를 해보세요. 뒷산도 좋고 가까운 영화관도 좋습니다.

우리는 집 근처 박물관을 많이 다녔는데, 엄마 눈에도 지루한 도자기, 토기 같은 것을 아이들도 거들떠보지 않았습니다. 그런데 '놀이'를 단순 목적으로 두고 작은 공이라도 가져가서 뒤뜰에 야생마 풀어놓듯 풀어놓으면 하루 종일 신나게 뛰어놀았습니다. 가끔 미션지를 미리 작성해 가서 "조선시대 토기 중 특이하게 생긴 물건 하나만 그려오시오." 같은 미션을 주어 아이들끼리 뛰어가 탐색하게 했더니 몇 년이 흐른 뒤에는 자연스럽게 박물관의 모든 것에 대해 파악하게 되었습니다.

아이가 혼자라면 동네 친구들이랑 같이 가는 것도 좋습니다. 궁정의 경험을 많이 할수록, 아이는 아이만의 시간에 맞추어 세상을 향해 조금 더 당당하게 나아간다는 것을 기억하세요.

셋째, 선생님에게 아이에 대한 부정적인 이야기를 들었을 때

원장으로 있을 때나 학교 교사로 있을 때나 교사로서의 기본 자질은 아이의 장점을 바라보는 눈을 기르는 것이라고 생각합니다. 같은 대상이라도 보는 관점에 따라 얼마든지 좋은 것으로도 만들수 있고 나쁜 것으로도 만들 수 있습니다. 사람은 입체적이기에 더욱 그렇지요. 만일 교사가 이런 점에서 좀 미흡하다면 당황은 잠깐만 하고 부모가 그런 눈을 키우면 됩니다.

예를 들어 "아이가 예민하고 느려요."라는 이야기를 들었다면 그 말에 휘둘리지 말고, 관점을 바꾸는 겁니다. '내 아이가 섬세하고 신중하구나.'라고 말이지요.

섬세함은 단체 생활에서는 예민함으로 인식됩니다. 신중함은 느린 것으로 여겨지고요. 그 선생님이 틀렸다고 생각하기보다는 부모가 바라보는 눈이 정확하다는 것을 절대로 의심하지 마세요.

아이는 반드시 부모가 믿는 만큼 자랍니다. 가정에서 배려 깊은 사랑을 잘 주고 있다면 아이를 향한 부모의 관점은 왜곡된 것이 아닌 진실입니다. 만약 아이에 대해 너무 부정적인 이야기를 자주 하는 기관이라면 부모가 아이에게 사랑을 주는 양상을 돌아보고 나서,

문제가 없다고 판단될 경우 기관을 옮기는 것도 좋은 방법입니다.

넷째, 아이가 전보다 활발하지 않거나 피곤해할 때

유치원 생활도 사회생활입니다. 편하게 지내던 집하고는 달리 알아야 할 규칙도 많고, 때로는 피곤해서 활동을 하기 싫어도 해야 하는 곳입니다. 아이가 유치원을 다니면서부터 피곤해한다면 잘 쉬게 해주고 영양에도 신경을 써주세요. 집에서만큼은 아이가 원하는 것을 할 수 있게 해주는 것이 최고의 사랑이랍니다.

유치원에서 글쓰기나 수학 같은 학습을 배우게 되면 그것을 더 잘하게 하려고 저녁부터 붙잡고 공부시키기도 하는데, 아이의 두뇌는 학습 스트레스를 받게 되면 많이 망가진다는 것을 다시 강조하고 싶습니다. 이는 이미 세계적인 두뇌 과학자들과 의학자들이 밝혀낸 명백한 사실입니다.

아이가 편안하게 쉬도록 해주고, 잔잔하게 책을 읽어주며, 맛있는 음식을 먹는 것만으로도 두뇌는 충분히 발달합니다. 차라리 그 시간에 재미있는 TV 프로를 함께 보면서 신나게 손뼉 치며 웃어주세요. 따뜻한 가정환경을 만들어주면 아이는 밖에서도 당당하고 씩씩하게 자신의 재능을 마음껏 펼칠 수 있습니다.

아이가 첫 사회생활에 발돋움을 하기 시작했을 때 부모는 본능적으로 이미 알고 있습니다. 이 아이가 '사회'라는 공간에서 많은 일들을 겪게 될 것이라는 사실을요. 그때마다 세심하게 살펴주는 것도 부모로서의 역할이지만, 아이가 좌절을 경험할 때마다 그 문제를 바로 해결해 주려고 하기보다는 그 아픈 마음을 그저 옆에서 안아주고 믿음으로 지켜봐주는 것만으로도 충분할 때가 있습니다.

아이는 좌절의 경험으로 세상에 대해 배웁니다. 기쁨, 슬픔, 분노, 혐오, 유쾌, 신남, 무서움과 같은 감정을 골고루 경험해야 아이가 자연스럽게 전체적으로 발달하게 됩니다. 부모의 변함없는 지지와 믿음이 늘 자기 곁에 있음을 알게 된다면 반드시 스스로 그 아픔을 통해 좋은 성장을 하게 되지요. 그러므로 부모와 아이 사이에는 '소통'이 필요합니다.

아이가 세상에 나아갈 준비가 되었다면 이제 부모는 '말하기'보다는 '듣기'를 더 많이 해주세요. 그렇게 된다면 아이가 무럭무럭 자라나 청소년기가 되어도, 아이에게 부모는 '잔소리쟁이'가 아니라, 자신의 말에 귀를 기울여주는 '친구 같은 멘토'로 존경받을 것입니다.

부모와 아이의 관계에
사랑이 가득 채워지는
소통의 마법!